追想の現場

フォトジャーナリスト
橋本昇＝著
高木瑞穂＝編

TETSUJINSYA

杉山治夫
闇金の帝王

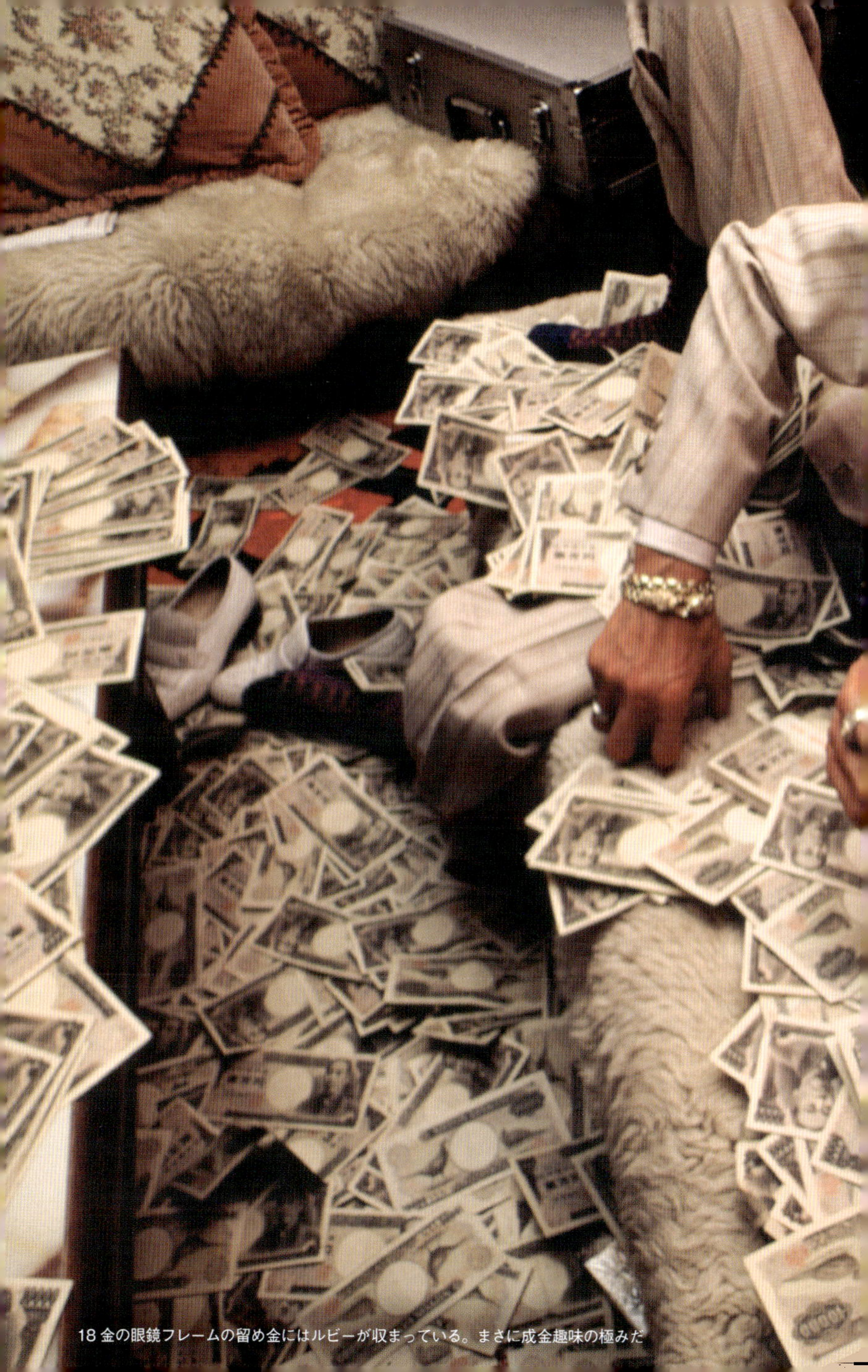

18 金の眼鏡フレームの留め金にはルビーが収まっている。まさに成金趣味の極みだ

カネに魂を売った男

彼の金への執着は尋常ではなかった。闇金融業で財をなした杉山治夫氏の話だ。

闇金融とは、どこからもカネを借りる術がなくなり、尾羽《おはう》打ち枯らした人間が最後に駆け込む金貸しのことだが、当然のことながら利息は法外なものとなる。トイチ（10日で1割）という言葉は有名だが、週倍（1週間で2倍）、ヒサン（1日で3割）まであるというから驚く。つまりは人の弱みに付け込む悪徳金貸しだ。この1990年代の初めまでは御上を意識しつつ、世の中の裏でひっそりと営業していた闇金を一躍で万人に知らしめたのが、杉山治夫氏だ。

彼の生い立ちは貧しさを通り越して悲惨だった。1938年に高知市で生まれたが、船員の父親は博打と酒に溺れ家庭は崩壊していた。農家の納屋での食うや食わずの生活。まともに小学校にも通学できず、すきっ腹を抱えて畑ドロボーを繰り返す毎日だったという。

「腹が空き過ぎて、畑から大根を引き抜いて泥が付いたまま食ったんや。口の中がじゃりじゃりしたけど、すきっ腹に染み渡ったよ。わかるか？　そのときの小僧の姿が。俺の胃袋があれも食えこれも食えと泣くんや。風呂にも入れず、垢まみれで服は黒光りしとった。ルンペン（ホームレス）のガキやな」

と彼はしみじみと述懐した。

中学にもろくに通わず地元の時計店に丁稚奉公に入る。仕事はきつかったが、1日3度の食事が有難かったという。

「目が真っ赤になるほど一生懸命に働き、どんぶり3杯は食った」

まさに粉骨砕身。口調は感傷に浸りながらも、淡々と続けた。

「世間を恨んでも仕方がない。きっと、絶対に金持ちになったるんやという夢が、メラメラと燃えとったんやろな」

そして20歳のころから独立して商売を始めたというが、裸一貫の若者が歩む道のりの厳しさは容易に想像できる。倒産を繰り返し、否応なく裏社会との繋がりもできる。

「いちばん怖かったのは、山菱（暴力団山口組）の若いのからボコボコにされ、縛られて首だけ出して埋められたときやな。これはもうアカンと思うたわ」

凄まじい体験だが、それをどう切り抜けたのかは聞けなかった。「ヤクザはカネと暴力だけやからな。なんとか収めたわ」とだけ彼は語った。

その後、彼は高利貸しを生業とする。闇の世界で、カネに必死にしがみつくのだ。まさに貧の意地だ。

日本が高度成長期に入ると、人々の生活は豊かになったが、皮肉なことに消費者金融（いわゆるサラ金）もその市場規模を拡大した。一定の条件を満たせば簡単にカネを借りることができるサラ金は、サラリーマンが財布の紐を緩める手助けとなった。利子が少々高くても返せば良い。世の中は消費に沸いていた。クレジットカードも普及していった。

その陰で多重債務によって首が回らなくなる人々が増えるのは当然の結果だった。そして、返済が滞ると地獄を見ることになる。サラ金業者の取り立ては容赦がなかった。家庭は崩壊し、勤務先は解雇され、

二億円の札束に埋もれ喜色満面の杉山氏

夜逃げか自殺かと精神的に追い込まれるのだ。

このサラ金の取り立てが大きな社会問題となったのは、1980年代ごろからだが、それと同時にサラ金よりも恐い闇金業者の暗躍も進んでいく。多重債務で、にっちもさっちもいかなくなったあげくに飛び込むのが、闇金だ。前述したように、法外な利息が絡む借金だが、取り立てもさらに厳しく、恐ろしい。

貸したカネ返せ！

杉山治夫という闇金のカリスマに、米誌『TIME』からの依頼で取材を申し込んだのは、1992年のことだった。バブル経済の余韻が残る東京には、まだカネの匂いが漂っていた。取材拒否を念頭に杉山氏に連絡を取ると、「あーいいよ」と意外にも上機嫌で取材に応じた。札束に埋もれる男というイメージが浮かんだので、その旨を伝えると、「よっしゃ、2億円ほど用意したらええんやな。わかった、待ってるわ」と返事も軽い。

彼の事務所は東京・新宿三丁目の7階建てのビルにあった。狭くて薄暗い事務所の奥に机があり、壁にファイルが並んでいた。このファイルにどれだけの人間のドラマが詰まっているのか……。

私は、「よー、きっちり2億円を銀行員に届けさせたぜ」とにやりと笑った杉山氏をまじまじと見つめた。痩せ型で、エラの張った顔にブチギレそうな血管が浮き出ている。目は虚空を舞い落ち着かない。腕にはロレックスの最高級の金時計、金眼鏡のフレームには大きなルビーがはめ込まれていた。彼は「身につけた物だけでも1千万は下るまい」と豪語した。

カネに魂を売り渡した男の匂いがした。それから私たちは１００万円の札束の帯をちぎり、２億円を部屋中にまき散らした。

もはや、札束はただの数字の書かれた紙にしか見えなかった。たかがカネ、されどカネか。彼が鷲づかみにして放り投げた札が空中をひらひらと舞う。さらに彼は札の中に埋もれてみせた。彼の目はいたずら小僧のように光り、満足げな笑みをたたえていた。

『ＴＩＭＥ』に掲載される予定稿のタイトルは、「借金が返せなかったら腎臓を売らんかい!!」だったが、その話は本当だった。

「借金を返せん奴には24時間追い込みをかけたな。おっさんが電話の向こうでおいおい泣くんや。俺は相手の鼓膜がおかしくなるまで怒鳴り散らした。相手の家にカチコミかけてボコボコにしたこともあるな。それでも返せんヤツは腹切って腎臓を売るしかないやろ。身を切る返済や。マニラに行って、片っ方の腎臓を取り出して、ほしがってるヤツに高く売るんや」

彼は「全国腎臓移植協力会」という怪しげな協会をでっちあげていた――。

杉山の内面を覗く気もないが、この取材から半年後にたまたま新宿の通りですれ違った杉山氏は、どこか生気の抜けたような顔をしていた。取材時のハイテンションは、彼独特のはったりだったのかもしれない。

杉山はその後、２００２年に詐欺罪で逮捕され、懲役7年6か月の実刑判決を受けた。そして収監された獄中で２００９年に病死したという。まさに阿修羅のような人生――その享年は71歳だった。

機動隊に一人立ち向かう空港建設反対派の戦士

成田（三里塚）闘争

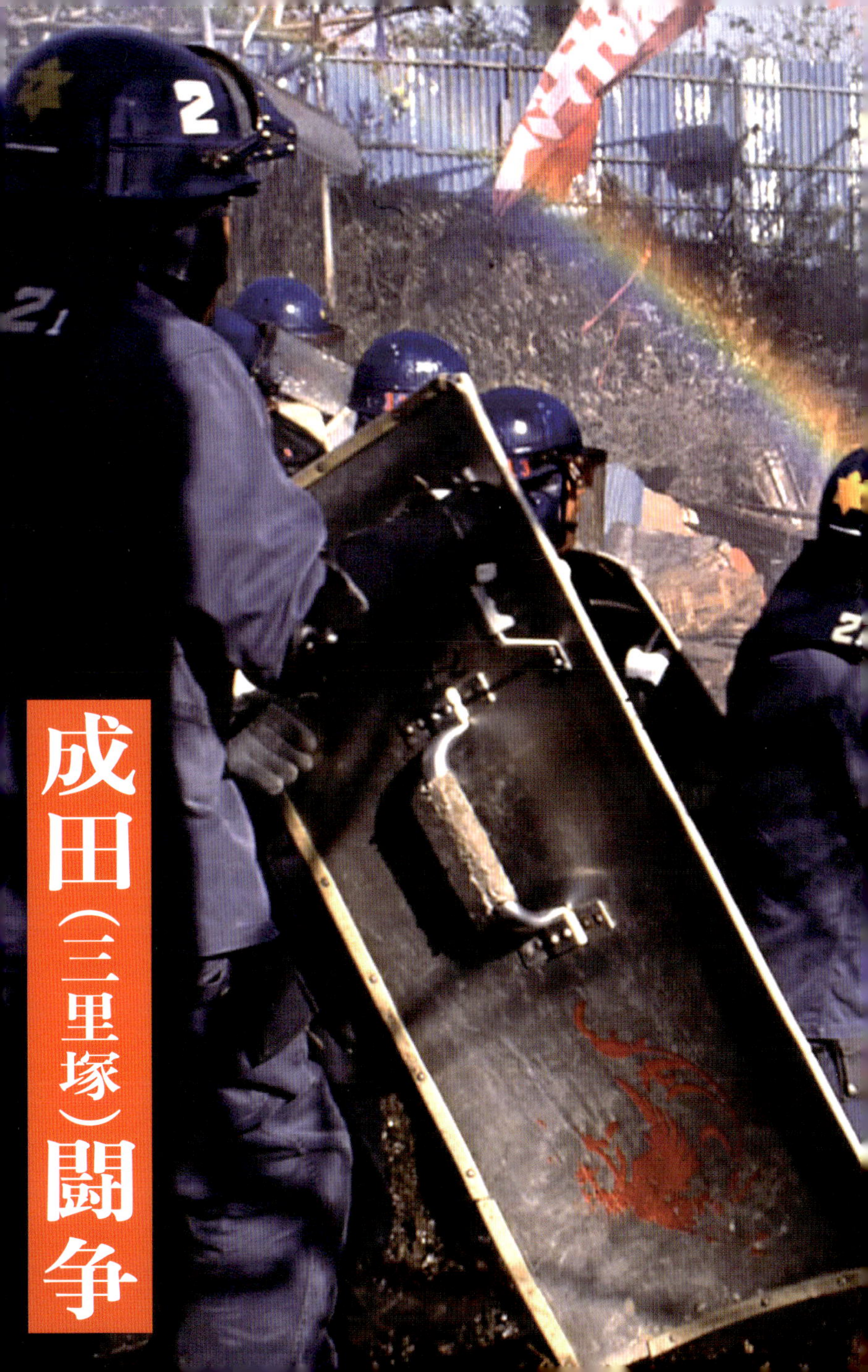

百姓は土地を売ったらお終しまいだ

日本の空の新たな玄関口として、新東京国際空港（現在の名称は成田国際空港）が開港したのは、1978年5月。そのころから海外旅行が私たちの身近なものになり、開港以来、成田空港は海外旅行へのわくわく感で満ち溢れた場所となった。

しかし、旅行客で溢れる成田空港に行くと空港ができるまでの今昔物語に、ある種の感慨を覚えることがある。

物語の主人公は、地元の農民と新左翼活動家だ。

話は1960年代にさかのぼる。当時、高度成長期の日本では、航空の需要が急激に増大し、政府は羽田空港に代わる本格的な国際空港の建設計画に着手することとなった。東京オリンピック開催を2年後に控え、日本中が好景気を享受していた時代だ。空港建設の当初の計画を見ても、「この際、中途半端なものではなく可能な限り大きい空港にする」と、威勢がよい。

そのバラ色の計画に暗雲が広がり始めたのは、空港用地の決定からだった。利害関係なども絡み紆余曲折した空港建設予定地選定だが、その空港建設予定地が1966年7月、突如として「成田市の三里塚に決定」と発表されたのだ。

それに地元の農民は猛反発。すぐさま「三里塚空港反対同盟」が結成される。これが長く激しい闘争の始まりだった。

その後、古村地区である芝山の反対同盟と合流し、「三里塚・芝山連合空港反対同盟」となった団体は、当初日本共産党と日本社会党（当時）の支援を受け、その後は新左翼と共闘し、数々の運動を繰り広げた。

当時は、70年安保闘争に関連して学生運動が勃興していた。そして成田空港建設の問題は、新左翼の学生たちにとっても、ベトナム戦争反対運動や、時の佐藤内閣への反発運動につながる象徴的な対象だった。当時の全学連委員長は、「農民の反対運動を支援せずに何が階級闘争だ！」と、集会で檄を飛ばしている。

一方の反対同盟も少年行動隊、青年行動隊、婦人行動隊、老人行動隊を組織し、一家総出で反対運動に参加した。

しかし、ここで空港公団は用地買収に破格の条件を提示した。それによって反対派から条件賛成派に移る世帯が続出し、反対同盟は分裂した。こうして空港公団は、１９６８年の春に民有地の9割近くを確保した。

残りの1割の反対同盟に届まった世帯がまさに血みどろの闘いを繰り広げるのは、そのあとだ。反対同盟は、座り込みや投石で機動隊と衝突したが結果が得られなかったことにより、暴力による闘争も厭わないという方向に向かったのだ。強固な「砦」も築かれ、それは反対運動のシンボルとなった。そして数々の暴力行為や破壊行為もエスカレートしていった。

そうした状況が続く１９７１年2月、土地収用法に基づく強制代執行が行われた。これには、全国から数万人の学生や労働者が反対運動支援のために集まった。当時、学生だった私も、傍観者程度の立ち位置で反対運動に参加していた。農民の怒号が飛び交うなか、怨念の修羅が泥の大地を包み込んでいるような光景を唖然として見ていた記憶がある。

職員が、3000人の機動隊員に守られながら反対派の砦に迫っていく。小さな頭に「少年行動隊」と記されたヘルメットを被った小学生たちが、「機動隊帰れ——」と金切り声で叫ぶ。かたわらにいた老婆は、自らを鎖で木柵に縛り、鍵までかけていた。

さらに機動隊を困らせたのは「人糞肥やし作戦」だ。人糞肥やしをため込んだ堀から爺さんが、肥えを柄杓ですくい機動隊員めがけて振りまくのだ。これには火炎瓶や投石に慣れている機動隊員も往生していた。困り果てたことだろう。

「百姓は土地〜い〜。売ったらお終めえだ！」

「ご先祖さまの土地を取り上げるのか！」

農民の抵抗は激しかった。しかし、空港公団による土地収用は、じりじりと迫っていった。

同年9月の第二次強制収用では、とうとう死傷者の出る惨劇が起きた。後方警備の神奈川県警機動隊が、400名の赤ヘルの戦旗派部隊に襲い掛かられ、3名の機動隊員が死亡したのだ。

当然のことだが、こうした暴力行為による反対運動は世間から批判を浴びた。もちろん、反対運動のすべてが暴力頼みだったわけではない。一方には本当の農民運動の姿を探して、農家に住み込み農作業を手伝いながら地道な反対運動に参加する学生や労働者も少なからずいた。そんなことを思い出す。

「日に焼け、肥やしの臭いが肌に沁みこんでこそ土地を守る農民の気持ちがわかるんだ」と、ある学生は言っていた。しかし、日ごとにエスカレートする反対運動は、次第に社会から見放されていった。

「あの三里塚闘争は、もう世間から完全に浮き上がっている。農民の反対運動の域を越えてしまっている」

彼らは、そう言われて社会的に孤立していった。同時に、反対勢力の活動方針を巡る内部対立も激しくなっていった。その後は反対運動が話題になることも少なくなり、空港は厳重な警備のなかで、反対運動を尻目に着々と建設されていった。

「空港管制塔」占拠

だが、いよいよ成田空港が開港を迎えるという直前の1978年3月26日、事件が起こった。新左翼活動家による「空港管制塔占拠」だ。22人の活動家たちが、数日前から地下の排水溝に潜り込んで管制塔の真下まで行き、マンホールの蓋から飛び出すと、直結するエレベーターで管制室に乱入し、電子機器類をハンマーで叩き壊したのだ。

これには空港公団も驚愕した。そして、このゲリラ戦法により開港は2か月遅れとなった。

「あの時、俺も占拠部隊の一員に選ばれていたんだ」と、数年前に郷里の友人が飲み屋でしみじみと語った。

「だが、実行の一週間前に別件で警察にパクられて檻の中にいたんだ。おかげさまでというか、なんというか。それで20年のム所暮らしは免れたんだがね……」と、彼は遠くを見るような目をして酒を口に運んだ。

その後も残った反対派は砦を築き、小規模ながらも攻防戦を続けた。成田空港は、海外では〝ゲリラが近くにいるヤバイ空港〟といわれていた。

機動隊の放水の中、滑走路へ進んで行くジャンボ機

それから12年後、私は反対派が立てこもる砦の撤去を取材しに行った。高さ10メートルの櫓の上に、トタンで覆った小屋があり、なかには青ヘルを被った3人の支援学生が立てこもっていた。その小屋をめがけて放水車が盛んに放水するなか、小屋の隙間から煙が漂ってきた。機動隊の指揮者が「火炎瓶!! 火炎瓶!!」と大声で叫んだ。その瞬間、火の点いた火炎瓶が2本こちらに飛んできた。

そんな攻防を繰り広げながら、機動隊員は、小屋にとりつき学生らを殴りつけて逮捕した。引き回される学生たちは疲労で血の気も失せ、濡れ鼠だ。

近くの櫓には、〝労学共闘〟と書かれた赤ヘルを被った4人の若者が立てこもっていた。彼らは火炎瓶はもちろんのことパチンコ、洋弓などを持って、近づく機動隊員に抵抗していた。

そのすぐ横の誘導路を旅行客を乗せたジャンボ機が甲高い金属音を響かせながら進んでいった。必死の抵抗を続ける彼らが現実離れをした存在に見えた。

そのとき、一人の若者が、いきなり15メートルはある櫓から飛び降り、鉄パイプを手に機動隊員に立ち向かっていった。放水でドロドロになった泥濘のなか、ただひとり立ち向かう姿は、最後の孤独な戦士のように思えた。

その後の羽田空港拡張で利用客数が減ったとはいえ、いまも成田空港は海外への出発口として、にぎやかだ。海外旅行に身も心も躍らせながらトランクをガラガラと押していく若者たちは知っているのだろうか。影が映るほど磨かれたフロアーの下に、かつては農民たちの闘いがあったことを。

新宿の通りでカメラに目を向けるモンスター佐川一政氏

佐川一政

パリ人肉事件

彼は人間ではない。悪魔だ

2022年11月24日、パリ人肉事件の佐川一政氏が73歳で人生の幕を閉じた。

パリ人肉事件とは、1981年6月に佐川氏が留学先のパリで友人のオランダ人女性を殺害し、その肉を食べたという、身の毛もよだつ惨劇だった。

事件は衝撃的だった。逮捕された佐川氏は、「彼女の肉を食べたかったから殺した」と供述する。解体して、生で食べたあとの女性の肉の残りを、冷蔵庫に入れて保存し、のちにフライパンで焼いて食べたというのだ。

当然、パリの警察は彼の精神鑑定を行った。結果、心神喪失状態であったと判断された彼は不起訴となり国外追放された。佐川と同じ空気を吸いたくない、早く出て行けとのアホウ払いだった。

フランスの精神病院に僅かな期間の措置入院だけで佐川氏が日本に帰国したのは、3年後の1984年。報道陣が待ち構えるなか、ひとりタラップを降りてきた彼の顔は、やはり常人とは思えなかった。

悪びれる様子もない彼の白けたような顔は、人々を震撼させた。彼は人間ではない。悪魔だ。一生どこかに閉じ込めておけ——。

しかし、15か月の措置入院のあと、彼は自由の身となる。病院も警察も世論も彼の刑事責任を求めたが、フランスの捜査の壁に阻まれた結果だった。

のちにわかったことだが、彼の人肉への執着は成長と共に膨れ上がり、彼を悩ませていたという。大学生の時には近くに住むドイツ人女性宅に食肉目的で無断侵入し、逮捕されている。この時は父親が金で示談に持ち込み、告訴は免れている。彼の父親は、さる大企業の社長だった。

さて、自由の身となった佐川氏は、かねてよりの望みだった文筆の道に進み、事件と自分を題材にした『霧の中』という小説でデビューを果たす。以来、彼の肩書は「小説家」となった。

ファインダー越しに見た気味悪さ、弱々しさ、秘めた欲望、耽溺、迷宮――

事件から約10年後、私はアメリカの新聞の依頼で佐川氏のインタビュー取材に同行した。佐川氏の渡米をアメリカが拒否したことについてのインタビューだった。

自宅の机の前に座って話す彼の印象は、事件当時とあまり変わってはいなかった。ウエーブのかかった髪が禿げ上がった額に張り付き、やや上を向いた鼻と三白眼、目には力がなく、口を尖らせて喋るのが癖らしい。内気でひ弱な青年という印象だ。ただ、同行の特派員を下から見上げる時だけは、その目に光が宿る。特派員はドイツ系の若く美しい女性だったのだ。

インタビューを終えて三人で食事に行くことになった。その特派員の選んだ店が、ジョークにも程があるというものだが、ステーキの店だった。佐川氏が油でぎらつく唇を舐めながら、特派員の顔をじっと見つめていたのは言うまでもない。怖いもの見たさで取材に来た女性特派員が大満足で帰ったのも、もちろんのことだ。

さらにそれから10年後、今度は雑誌の企画で再び佐川氏を取材した。待ち合わせの新宿駅東口に現れた

まさか人を食ったモンスターが近くをうろうろしているとは誰も気が付かない

ロサンジェルスタイムス紙記者のインタビューに答える佐川一政氏。後ろには彼が食べた女性の写真が飾られている

彼は饒舌だった。

「今日はどうも。10年前の取材を覚えていますか?」

「ハイ! 覚えていますよ」

と、やや皺枯れた声の答。おそらくリップサービスだろうが、彼のサービス精神を垣間見たように思った。

あれから彼は、数冊の本を出し、さらにアダルトビデオにも出演していた。ビデオのなかで彼は、病的なまでのマゾヒストを演じていたが、それも彼の狂おしいまでのサービス精神の表れかもしれない。この日も彼は「今日はどんな感じで撮ります? ショーウインドウのマネキンを見つめるなんてどうでしょうね」と、新宿の人通りの真ん中に立ったり、壁の後ろからチラリとこちらを見たり、自ら率先してポーズをとった。

ファインダーいっぱいにクローズアップされた彼の顔。気味悪さ、弱々しさ、秘めた欲望、耽溺、迷宮……彼の発するオーラから頭の中に数々の言葉が浮かんでは消える。あの神戸児童連続殺傷事件の犯人少年A(酒鬼薔薇聖斗)は佐川に憧れと嫉妬さえさせたという。

だが、彼の本質は見えてこない。彼自身、自分が何者なのか問うても答えが見つからず、もがいているのではないだろうか。

撮影が終わりインタビューになった。彼はパリでの事件の詳細をリアリティーたっぷりに語った。それは、事件の風化を恐れ、自分が忘れ去られていくことを恐れる佐川一政という男の姿だった。

一方で、彼の語り口は、何の抑揚もなく、感情の起伏も喜怒哀楽も感じさせない、ただ彼の心の中のもやもやしたものが空中に浮遊しているという、まさに〝霧の中〟だった。

「僕は1か月に1回、聖マリアンナ医科大に通院しているんです。そこで僕と同じように〝人を食べたい〟という女性と知り合いましてね。いつか死なない程度にお互いを食い合おうと言ってるんです。僕は今でも女性を食いたいと思っていますよ。電車なんかで女性のふくらはぎを見ると食いつきたくなるんですよ」

また、こんなことも言った。

「いま女優の上戸彩さんと鶴田真由さんが、食べたい。とても食べたい」

私は、霧の中から語られるそんな一言一言を軽くかわしながら、佐川氏の口元を見つめていた。

これは、彼のサービス精神からくる言葉なのか、それとも本音なのか。その口元から発せられる悪魔のささやき、心の底から突き上げてくる欲望は、佐川一政というひとつの肉体が背負った業なのか。

だとすると、彼はその業を背負って、冴えわたる満月の裏側のような暗黒の世界を漂っているのかもしれない。そんなことを考えながらも、あのときの私は彼の本質に迫ることはできなかった。

いや、今でもできないだろう。彼はその業を背負ったまま、黄泉の国へと旅立っていったのだ。人は彼をモンスターと呼んだ。

焼け爛れた神戸市長田区の街。まだ熱気が残っていた

阪神淡路大震災

先の見えない不安

1995年1月17日、早朝から何度も電話が鳴った。恐らくニューヨークの写真デスクからだろう――時差の関係からいつもたたき起こされる。私はまたいつものことかと、そのまま無視して眠り続けた。

そして2~3時間後、同僚のYさんから電話が入った。

「神戸がスゲーことになっている！　とんでもない地震だよ！」

日頃は冷静なYさんの声が上ずっていた。さらに、ニューヨーク本社デスクからの興奮した声が、電話の向こうから聞こえてきた。

「何をしている！　寝ている場合か。早く神戸へ行け！」

13時間の時差がある関係で、いま就業時間帯のニューヨーク。あちらの方が地震を知るのが速いのは、当然だ。

私とYさんは東名高速を名古屋方面へと向かった。ラジオは刻々と被害状況を伝えていた。それをYさんはメモしながら、一刻も速く現場に着くにはどう進んでいけばいいのかと、的を絞っていった。

東名高速は、名古屋の先からすでに通行止めだった。そこで名阪自動車道へ迂回して、奈良の生駒を経由して大阪の豊中に出た。神戸方面へ通じる道路はびっしり渋滞していて、動きそうにもなかった。脇道という脇道を勘を頼りに走り、意外とはやく大阪を抜けることができた。

兵庫県・西宮市に入ったとたん、古い木造民家が軒なみ倒壊しているのが見えた。消防の照明車が照らす眩しいライトに、倒壊した民家のひとつが浮かび上がった。

なかから、すでに死亡しているとおもわれる老女が、消防署員の担架に乗せられて運び出されてきた。撮るべきか一瞬迷ったが、思わずシャッターを押していた。ストロボの光に浮かび上がった老女の両手は、落ちて来る天井から必死で身を守るように胸の上に上げたままだった。

ただ、私たちが所属するフランスの写真家集団『Ｓｙｇｍａ』は、死者の顔を撮影したり写真使用する場合には、厳しいルールがある。それは、不可抗力で亡くなった死者への最低限度の哀悼と尊厳と言える。その判断を現場でするのもカメラマンの仕事だ。

マグニチュード7・3のメガ地震は、神戸の街を直撃していた。その激しい揺れに耐えきれず、数えきれない建物が崩壊した。阪神高速3号神戸線は、約1キロにわたって橋脚が根元からポッキリ折れてしまい、折れた橋脚から中の鉄筋が剥きだしになっていた。さらに、道路そのものは30度以上傾いて横倒しになっていた。揺れの激しさは想像を絶していた。

横倒しになった高速道路は、運悪くちょうど下を通りかかった大型トレーラーの運転席を直撃していた。トレーラーを運転していたドライバーは無事に逃げ出すことができたのだろうか。

また、傾いた道路上には、何台もの乗用車やトラックが巻き込まれて引っくりかえっていた。地震がもし2時間後の渋滞中に起きていたらと想像するだけで、ぞっとした。想像を遥かに超えた凄まじい地震のエネルギーは、「たかだが人間の造った物など」と嘲笑っていようだった。

神戸市の中心部・三宮駅付近の大通りに面した高層ビルの窓から、ガラスを突き破ったパソコンのディスプレーがかろうじて電源コードで繋がれたまま、外壁にぶら下がっていた。横倒しになった10階建てのビルが、人ひとり通る隙間もなく三宮駅から山の手へと登るフラワーロードを塞いでいた。

「こりゃー、見事な倒れ方や！　人ひとりもよう通り抜けられへん。昨日まではなんとか傾いた状態やったけど、余震で完全にいきよった」

ひとりの中年男性が、驚くよりも呆れ果てたような顔で、言った。


市内の学校の体育館や教室、グラウンドは、行き場を失った被災者たちで溢れていた。校庭に設置された臨時電話には、無事を伝えようとする人々の長い行列ができていた。水の出ない学校のトイレの便器には、排泄物がピラミットのように盛り上がっていた。

グランドの片隅で4人の家族が身を寄せ合っている。父親は自分の家族一人ひとりの顔を見つめながら、「いったい明日から自分はどうしたらいいのか。3人の家族をどう守っていけばいいのか」と、まったく先の見えない不安を抱えて途方にくれていた。ただ家族4人が無事でいてくれたことだけが、父親にとって何よりの心の救いでもあり、何よりの希望だ。

命あるだけましやないか！

火災で消失した長田区を取材した——。

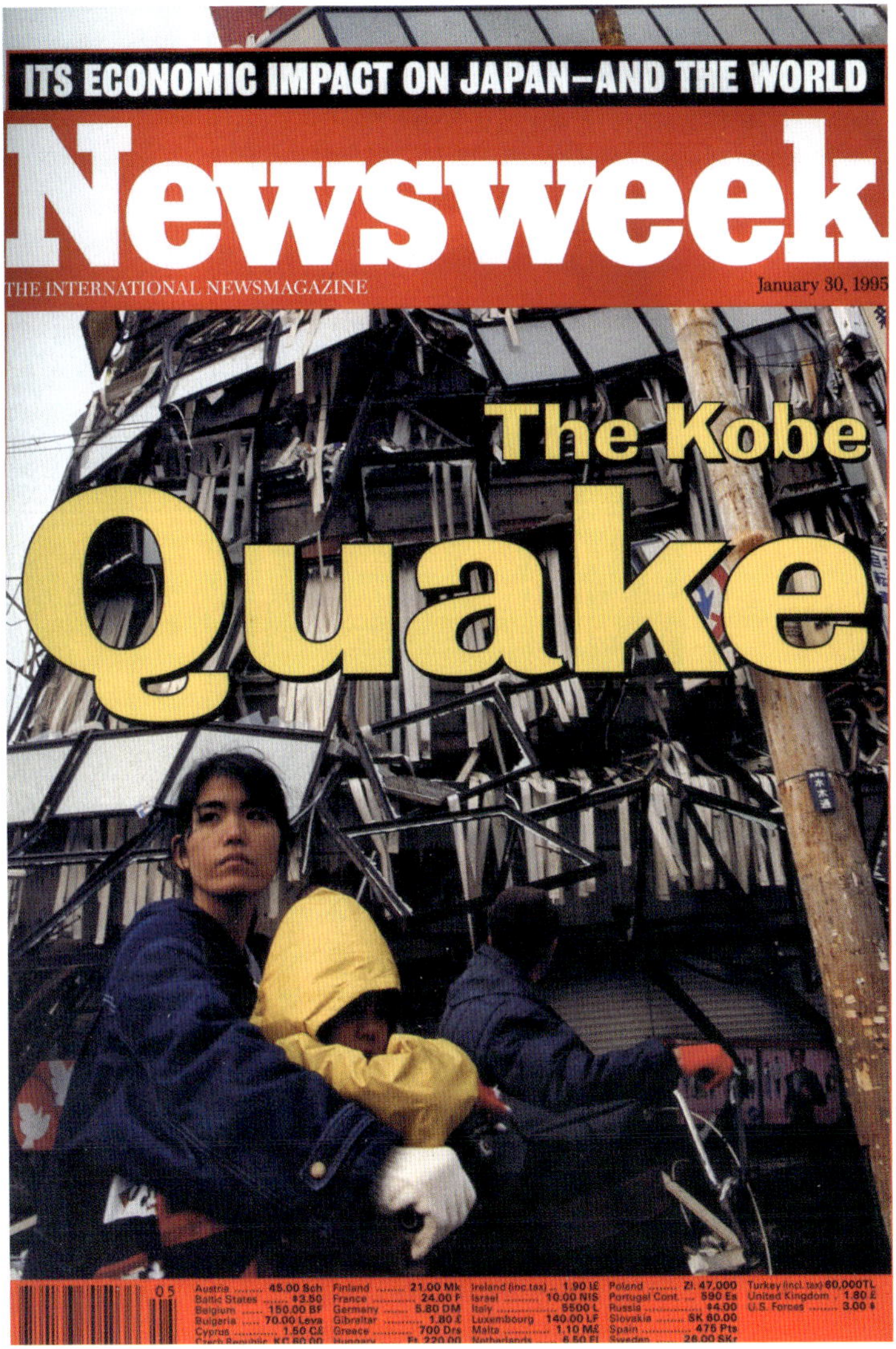

激しい揺れで傾いた銀行の前を自転車で通り過ぎる親子の写真は『Newsweek』米国版の表紙になった

全壊した自宅の近くで冷えたおにぎりを食べる少女の写真は『Newsweek』日本版の表紙になった

焼け落ちた商店街のアーケード、剥きだしの鉄筋、焼け爛れてただの鉄屑となった車、幾重にも絡みあったまま垂れ下がる電線の下をかいくぐるように歩いていく若いカップル——冬の朝の陽の光は、すべてが灰となってしまった長田の街をセピア色に浮かび上がらせていた。みんな、行方知れずの家族や友人を探して、焼け跡を彷徨う。燃え残ったコンクリートの壁の間から、朝の陽の光が射し込んで、立ちつくす人の長い影を作りだした。

避難先から戻ってきた長田の住民の男性は、

「確かにここに自分の住んでいた家があったはずだが」

と震災前の記憶をたよりに、焼け落ちたトタンを捲り上げ、確認するように何度も周りを見回していた。男性は、しばらく焼け跡を食い入るように見ていたが、すっかり焼け落ちてしまったいま、自分ひとりで探しあてるのは容易なことではないと悟ったようだった。

燃え続けた焼け跡からは、一昼夜にわたり煙が立ち昇っていた。なかに足を踏み入れると、靴のゴム底が熱で溶け出した。女性がひとり、焼け跡にしゃがみこんで、放心したようにいつまでも見つめていた。

焼け跡を歩きながら想像した。つい先日まで聞こえてきたであろう街の賑わい、夕暮れの横丁に漂う焼き鳥屋の煙、ケミカルシューズを縫い込んでいくミシンの踏音——確かにこの町は生きていたのだ。家族、友人、近所付き合い、仕事仲間——わずか17秒の激しい揺れは、下町の人間の営みを、あっという間に消し去ってしまった。

線路近くで燻り続ける4階建ての建物の前に、ある老夫婦が立っていた。

「何もかもが燃えてしまいよった。お父ちゃんと食うものも食わんと必死で建てた自分たちのお城が、一瞬でこれや！」

と言うと、両手で顔を覆った。老妻の肩に触れた夫のささくれた手には、長年の苦労が滲んでいた。そして大きな声で叱り飛ばした。

「しゃーないやないか！　燃えてしもたもんは。わしらの命があるだけましやないか！　おおきにゆわんと」

夫は大きな声で、自分の気持を奮い立たせるかのように泣きごとを言う妻を叱った。

お洒落に壊れはった

はち切れそうに膨らんだ重たいリュックを肩に食い込ませた神戸のおばちゃんが「こーべー、泣いてどうなるのかー」と調子はずれに口ずさみながら、瓦礫が散乱した道を歩いて行った。

長田区のある都市銀行支店の前——。

激しく揺れたビル全体は大きく歪んではいるものの、あと一歩で全壊になるところを、ギリギリもちこたえていた。割れた窓ガラスからビニールのブラインドが外へ飛び出し、浜辺に干した昆布のようにひらひらと真冬の風に舞っていた。

「えらいお洒落に壊れはったもんやなー！」

「ほんま、ようつぶれんと残ってはるわ」

と驚きとも溜息ともつかぬ声が、立ち止まった人々の中から聞こえてくる。

「さすが大銀行さんは粘りが違てるわ」

大地震の辛い体験を、かけ合い漫才のように笑い飛ばしてしまう関西人の底力を、知った。

震災から3日目。いままで撮った写真内容をパリ本社に連絡した。電話の向こうからは、パリのフォトデスクたちが大騒ぎしている様子が窺えた。日本の大都市の崩壊は世界を驚かせた。

明日への不安

長田区内のある中学校近くを歩いていると、倒壊した家の前の道に独りで座り込んだ少女が、冷え切った握り飯を食べていた。彼女の日本人形のような顔が、印象的だった。私は彼女にゆっくりとレンズを向けて、一枚シャッターを切った。明日からのことは誰にもわからなかった。

はじめに

私が報道カメラマンを目指したきっかけは沢田教一写真集だった。彼は米国のＵＰＩ通信社に所属し、ベトナム戦争の戦場を駆け巡って戦争の悲惨さを写真に切り取り世界に発信した。その写真は世界中の人々の胸に響いた。当時まだ学生だった私は彼のような報道カメラマンになりたいと思った。その思いは大学を卒業して出版社に就職した後も捨てることが出来ず、結局２年で退職しアルバイトをしながら報道写真の現場を目指していた。

初めての取材は１９８２年のカンボジアだった。その時は幾つかの難民キャンプとベトナム軍と戦っている民主カンボジア幹部や兵士たちを３カ月かけて取材した。帰国後、グラフ誌や週刊誌など３誌に写真が掲載された。そしてそれを機に週刊誌のカメラマンとして仕事をするようになった。

週刊誌では大きな事件や事故はもちろんだが、新聞では隅に掲載されるいわゆるベタ記事も取材の対象だった。あの頃はフイルムを現像していた。現像液の中からボーッと浮かび上がってくる顔、顔、顔。例えば極貧から這いあがって不法な金貸しで成金になった者、日本の裏社会に君臨する日本のドンと呼ばれた老人、汚職に手を染め自殺した政治家たち、カルト宗教にマインドコントロールされた若者たち、人を食っても罪にとわれずにのうのうと生涯を終えた男。また、災害や事故で愛する人を失った癒えることのない悲しみ。まだ昭和の時代、高度成長期から引き続く人間の営みには様々な顔があった。

そして時代は昭和から平成へ、社会がアナログからデジタルへ徐々に移っていったころ、カネ余りの日本はバブル景気に酔い、人々は土地や株を買い占め、高級ブランドを買い漁った。

あれは日本人の最後の饗宴だったのか。そのころ私はフランスとアメリカに本社を置く通信社『Ｓｙｇｍａ』の契約カメラマンとして海外の紛争地域を取材していたが、同時に本社からの依頼で日本の好景気状況を海外に発信していた。人々はワインの温泉につかり、１杯１万円のラーメンに舌鼓を打った。若者たちはクリスマスプレゼントを買いに高級宝飾店に殺到した。日本はあらゆる面で世界から注目されていた。

しかしそれもつかの間、バブルははじけた。そして銀行や証券会社の倒産など日本中をいっきに不況の嵐が吹き荒れた。その結果として、その後の日本は金持ちとそうでない者との格差社会へと移っていった。楽しいことではない。


「人間とは何か？」

これは、小説、映画、音楽、ドキュメンタリーなどあらゆる分野のテーマだ。報道写真には客観的かつ中立性を持つことが求められるが、やはり主役は人間だ。様々な時代に様々な人間の顔があったが、それはまた、模索を続ける人間の営みの姿でもある。人は何を求めて生きるのか、そして人間とは何なのだろう？

橋本昇

〈CONTENTS〉

追想の現場　目次

巻頭グラビア

第一章 ノワールの肖像

第二章 事件の追憶

第三章 事故と災害の爪痕

第四章 ニッポンの素顔

カバー&本文写真＝著者

※本書掲載の情報は2025年2月現在のものです。
※掲載写真は取材当時のものです。
※敬称は一部を除き省略しています。

第一章

ノワールの肖像

冤罪判決が出た後、地裁近くでメディアに取り囲まれた菅谷さん

冤罪という罪

２０１８年7月11日、大阪高裁で39年前に起きた事件の再審開始が認められた。その事件は、１９８４年暮れに滋賀県・日野町で酒屋の女性店主が行方不明となり、翌年１月に他殺体で発見されたものだった。「日野町事件」と呼ばれた。

事件の3年後、酒屋の常連客だった阪原弘（当時53歳）が強盗殺人罪で逮捕された。阪原は裁判で無罪を主張し続けたが、２０００年に無期懲役が確定し、服役した。だが、被告側は捜査に疑問が多いとして、その後も再審の請求を続けていた。ただし、当人である阪原は２０１１年に獄中で病死している。この事件が冤罪事件だと確定されても、冤罪被害にあった当人はもういないのだ。

「足利事件」菅家利和

これまでも再審により冤罪が確定した事件はいくつかある。そして巻き込まれた被告たちはそれぞれが長い刑務所暮らしを強いられていた。菅家利和さん（当時45歳）もその一人だ。

彼が巻き込まれた事件は、１９９０年に栃木県・足利市で起きた幼女誘拐殺人事件（＝足利事件）だ。5月12日、足利市内のパチンコ店の駐車場で、父親がパチンコをしている間に当時4歳の女の子が行方不明となり、翌日、渡良瀬川の河川敷で他殺体となって発見されたのだ。

目撃者の証言をもとに捜査が行われたが、行き詰まった警察は「独身で子供好きな男」というプロファイリングにもとづき、当時、幼稚園バスの運転手だった菅家さんを捜査線上に浮かび上がらせ、身辺調査を始める。１９９１年12月、ＤＮＡ鑑定が決め手となり菅家さんは逮捕される。そして取調べを受け犯行を認めた。

実はこのＤＮＡ鑑定と取調べに問題があったのだが、いちど犯行を認めたら覆すのは難しい。菅家さんは公判の途中から無罪を主張するが、１９９３年、宇都宮地方裁判所は無期懲役の有罪判決を下す。菅家さんは即日控訴。しかし控訴は棄却され、１９９７年に最高裁に申し立てたＤＮＡの再鑑定も拒否される。こうして２０００年7月、最高裁で菅家さんの無期懲役判決が確定した。

再審への道は遠かったが、２００８年12月になってようやく道が開けてくる。ついにＤＮＡの再鑑定が認められたのだ。

そこからは早かった。翌２００９年の5月にはＤＮＡの不一致という結論が出る。6月に再審開始決定。そして事実上無罪ということで、菅家さんは釈放されたが、逮捕から実に17年半の年月が過ぎていた。

冤罪被害の実態

私が菅家さんにはじめて会ったのは、彼が釈放されてまもなくのころだった。菅家さんは支援弁護士の自宅に仮住まいをしていた。４畳半の部屋で話を聞いたが、片隅にきちんと畳まれていた布団が印象深い。それは私に17年半という長い刑務所生活での〝悲しい刷り込み〟を連想させた。布団の横で正座をして俯きながらじっと前を見つめている菅家さんの表情は、悲しいほどに気弱で優しく見えた。これでは刑事たちの鬼気迫る自白強要にはとても立ち向かえなかっただろう――私はそんなことを考えていた。

再審が開始され、判決を間近に控えた2010年3月24日、私は再び菅家さんを訪ねた。そして一緒に事件の現場にも足を向けてみた。

現場である川の土手に到着すると、菅家さんは本人も想像できなかったほどに動揺したのか、体をわなわなと震わせ始めた。当時の実況見分の悪夢がよみがえったのか、それとも内に秘めた激しい怒りの表れなのだろうか。

「怒鳴られっぱなしでした。髪の毛をつかまれたり、足を蹴飛ばされたり……」

口数は少なく、また声もか細くかすれていたが、その一言ひとことからは彼が受けた過酷な取調べでの自白強要の様子が目に見えるように伝わってきた。

遠くを見つめる菅家さんの姿。彼の遠くを見る目には、その心に受けた傷の深さが映ってた。

また、長きにわたり再審への期待を裏切られてきた菅家さんは、判決を待ちながらも、いまだに一抹の不安を胸に抱えていた。その期待と不安を交錯させながら、菅家さんはこの日、市内の散髪屋で髪を刈った。

「すっきりしましたね」

私がそう言うと、菅家さんは微笑んだ。

2010年3月26日、菅家さんに無罪判決が下され、宇都宮地裁の前で「無罪」の垂れ幕が風に舞った。その時、心底ほっとしたというような菅家さんの破顔がレンズの中でいっぱいに広がった。

裁判長は、判決文を読み上げたあと、「17年半の長きにわたり自由を奪い誠に申し訳ありません」と謝

ほっとした瞬間、身体から力が抜けてしまいましたと語る菅谷さん

冤罪判決前の集会での桜井さんと杉山さん

罪した。

桜井昌司と杉山卓男

もう一つ、大きな冤罪事件があった。

1967年、茨城県・利根郡布川で起きた強盗殺人事件。一人暮らしの大工の男性（当時62歳）が自宅で無残な姿で殺害されていた。

カネ目的の犯行と考えられ、警察は2か月後に桜井昌司さん（当時20歳）と杉山卓男さん（当時21歳）を逮捕した。二人は地元では不良仲間と見られていた。これは微罪の別件逮捕で、この強盗殺人事件に関しては物的証拠もなければ目撃証言も曖昧だったが、警察は二人に強盗殺人の自白を迫った。

後に二人から聞いた取調べの様子は想像をはるかに超えた過酷なものだった。

「殴る、蹴るは当たり前。眠らせてくれないので、取調べの間は意識が朦朧としていた。『やったんだな、やったんだな』と頭の中に刷り込むように囁くんだ。少しでも口を割るような言葉を吐くと、『それ！』っとばかりに調書と指紋を取られる。そうやって警察は〝借金を申し込んだが断られたので殺して10万7千円を奪った〟という立派な芸術作品のような調書を創り上げたんだ」

と桜井さん。

「当時の俺は喧嘩に明け暮れていたからね。日頃から警察には目を付けられていたんだ。しかし、取調べは酷かったよ。いま思い出しても恐ろしい」

と杉山さん。

二人は、自白をもとに強盗殺人容疑で逮捕され起訴される。そして、公判では二人とも「自白は強要されたものだ」と全面否認したが、認められずに1970年10月、水戸地裁で無期懲役の判決が下った。その後、控訴も上告もともに棄却され、1978年7月に二人の無期懲役が確定する。二人は千葉刑務所で服役中も再審請求を続けたが、1983年12月、再審請求も棄却される。再審への道は閉ざされた。

そして月日は流れ、1996年11月、二人はやっと仮釈放され、支援者とともに精力的に再審への活動を始めたが、再審開始までには、まだまだ長い年月が必要だった。2001年に再度の再審請求を申し立て、最高裁で再審開始が決定したのは、2009年12月だ。

私が二人に話を聞いたのはその頃のことだった。川崎の一杯飲み屋で、当時の取調べ、獄中生活、いまの生活などを聞いた。

「検察は自白調書を鵜呑みにして、ろくに調べもせずに起訴しやがった。あの頃は人権なんかありもしなかった」

と杉山さんは悪夢を振り返りながら、焼酎のロックをごくりと喉へ流し込んだ。

杉山さんは東京拘置所で永山則夫・死刑囚と知り合ったという。そして永山の著書『人民をわすれたカナリヤたち』などを読んだ、と話した。

一方の桜井さんは獄中で詩を書いていた。

「身に覚えがないのに刑務所にぶち込まれて、毎日毎日が長かった。だから自分の想いを詩にするようになったんだ」

そう語る桜井さんの傍らには、仮釈放後に結婚した奥さんが常に寄り添い、ときに励ましていた。

「女房はできた人だ。俺に色々と知識も与えてくれる。女房と知り合って俺は変わったと思うよ」

その後、２０１０年７月に水戸地裁土浦支部で再審の公判が開始され、翌２０１１年６月、晴れて二人は強盗殺人罪についての無罪を勝ち取った。

しかし、無罪判決の日、二人に笑顔はなかった。ここに至るまでの44年という歳月は、あまりにも長い。なのに彼らは警察や検察から正式な謝罪の言葉を受けてはいなかったのだ。無罪確定から２か月後、二人は水戸地裁土浦支部に対して刑事補償を請求した。これに対しては、それぞれに１億３千万円と裁判費用の支払いが決定した。

が、桜井さんの怒りは収まらない。続いて２０１２年12月、桜井さんは取り調べの違法性について国と茨城県を相手に約１億９千万円の国家賠償請求の訴えを起こす。この裁判は長引くことが予想され、途中で桜井さんは癌による余命宣告を受けてもいた。それでも桜井さんは一歩も退かなかった。

そして、ついに東京高裁によって茨城県警と水戸地方検察庁の取調べの違法性が認められることとなる。２０２１年８月、東京高裁は国と茨城県に計約７４００万円の支払いを命じた。そして国と茨城県の上告断念により、同年９月13日にこの判決は確定した。

これは桜井さんの執念の結果だ。

「やっと重荷を下ろすことができた」

桜井さんのこの言葉がすべてを語っている。以前、「長かった。人の一生の2倍も3倍も生きているような気がする」と、桜井さんは私に語ったことがあるが、運命というにはあまりにも過酷な人生だ。

無罪確定後も、冤罪被害防止の為の活動に身を投じた桜井さんと杉山さん。杉山さんは2015年に亡くなり、桜井さんも2023年8月23日、黄泉の世界へ旅立った。76歳だった。

笹川良一

日本政財界「裏の顔役」

私は世界でいちばんの金持ちファシスト

昭和の時代、よくテレビから流れたCM――まといを振り振り〝戸締り用心火の用心〜〟と歌いながら練歩く爺さまの姿を、はっきりと覚えている。CMの最後には、競艇が水を押し分けて疾走した。あの爺さまはいったい誰なんだろうか？　後に知った。日本船舶振興会会長・笹川良一氏だった。

つまり私の頭のなかにある笹川氏のイメージは「モーターボートの爺さま」だった。だが、善良そうに見える顔の裏には「日本政財界の裏の顔役」「巨万の富」「火薬の匂いがプンプンする怪しい人物」――そう、右翼のドンという顔があった。自らについて笹川氏は、米誌『TIME』のインタビューで「私は世界でいちばんの金持ちのファシストである」と語った。

1989年、『週刊文春』のグラビア企画で笹川氏を取材しようということになった。あの「戸締り用心」のCM、さらに続編の「老母を背負い神社の階段を登る」CMがとても印象的だったからだ。ダメもとで

ジェットスーツを背負った笹川良一氏。案外洒落の分かる男か

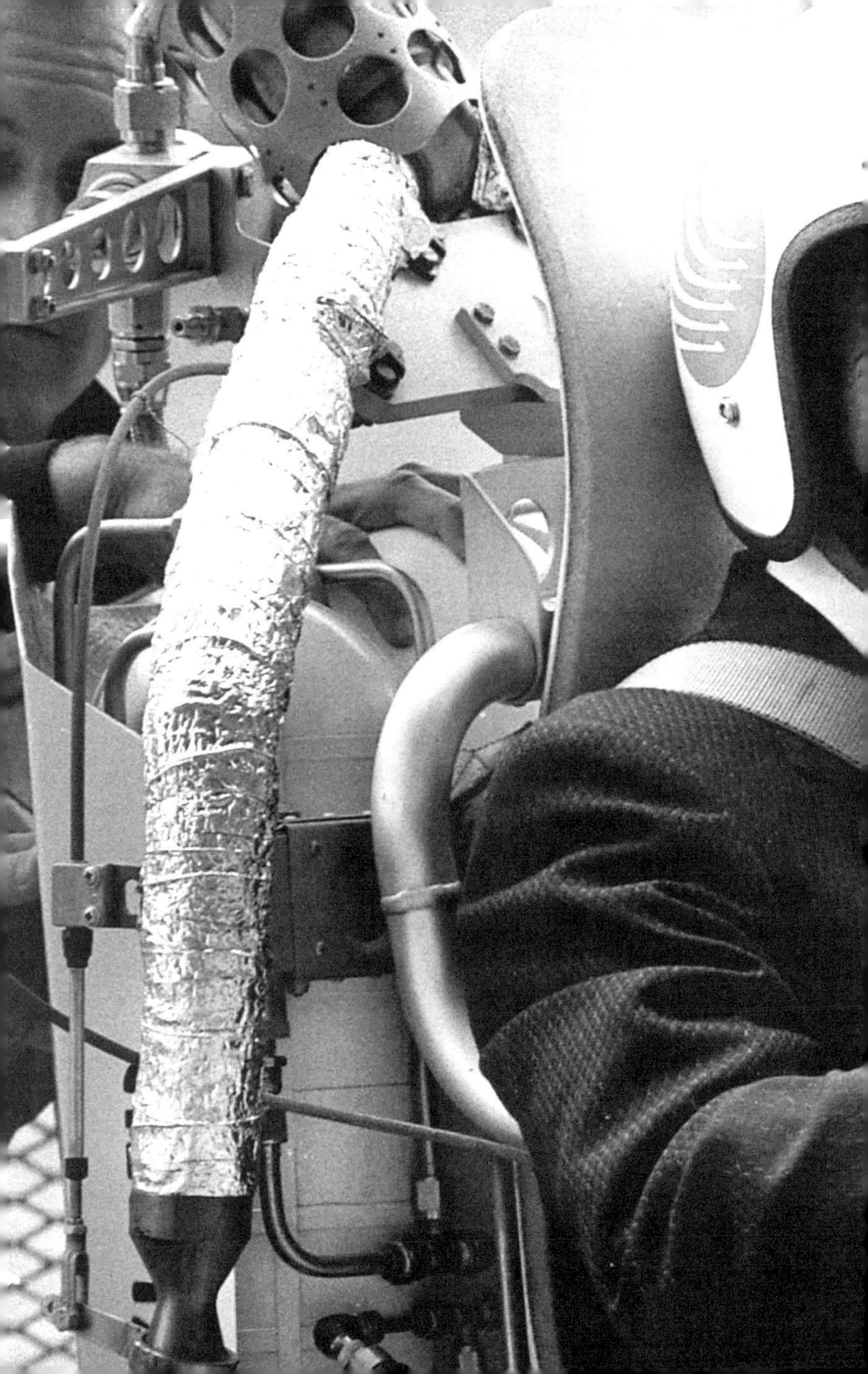

日本船舶振興会に取材を申し込むと、すんなりＯＫ。撮影場所は東京都品川区の「船の科学館」近くにある競艇場だった。

その日、アメリカから来たジェットエンジンスーツを背負ったパイロットが空中飛行するイベントがある。それに笹川氏が参加するということだった。

会場に現れた笹川氏は、終始ニコニコの好々爺。白い口ひげに洒落たスーツ。やや小柄な小太りで目がきつい。しかし、はじめてこの目で見た笹川氏は、偏見なしに曲者、油断大敵。握手をすると腕ごと取られかねないような人間。ビー玉のような眼が一瞬、キラリとスパークした。

あらかた撮影を終えると、私に一つのアイデアが浮かんだ。「笹川さん、ついでにジェットスーツを背負ってくださいませんか。ヘルメットも被って」とリクエストすると、「おー！　いいぞ。やるやる」と笑いながら力んだ。さすがドン、太っ腹だ。いや、案外洒落の分かる人間のようだ。

善意の面を被り〝社会貢献〟

笹川良一氏は１８９９年、大阪の造り酒屋の長男として生まれた。大阪茨木市立豊川小学校卒。ノーベル賞作家川端康成と同級生だったという。川端氏の目には笹川氏がどう映っていたのだろうか。

１９２５年、地元村議会議員に立候補当選。地元の軍部に接触し、大阪の顔役になった。１９３１年、右翼政党国粋大衆党を結成した。子分に大物フィクサー児玉誉士夫氏がいた。笹川氏はイタリアのムッソリーニをこよなく愛し、子分に黒シャツのユニフォームを着せていた。まさに気分、外見はファシストだった。満州国が建国されると、あの清王朝のラストエンペラー皇帝・溥儀とも会見していた。さらに東洋のマタ・ハリと呼ばれ日本帝国関東軍のスパイ・川島芳子とも交際していたらしい。

アヘン売買、女性、豊富な軍事物資、満州鉄道、関東軍の後ろ盾――それが笹川氏や軍人・石原莞爾が暗躍する旧満州国の姿だった。

第二次世界大戦が終結。笹川氏はＧＨＱ（米占領軍）によって、Ａ級戦犯容疑で東条英機らと共に巣鴨プリズンに3年間放り込まれた。しかし彼は東条内閣の政策に反対したため、極東軍事裁判所は不起訴とした。

巣鴨を出たあと、笹川氏は競艇に目を付けた。そして競艇のてら銭を基に造船の振興、公共福祉に貢献するための公益財団法人「日本船舶振興会（後の日本財団）」を立ち上げた。

戦後娯楽の少ない時代、ギャンブル好きな労働者たちは、レース予想紙を片手に赤鉛筆を舐め舐めレース場に通った。とりわけ熱中ギャンブラーたちは競艇に入れ上げた。その結果、大借金。家計は傾き、夜逃げ。家庭は崩壊した。競艇、競輪、オートレースは家庭を壊す敵だとのイメージが世間に定着した。

なんとかこの負のイメージを払拭しようと笹川氏は、モータボート競争の収益金を、「福祉・文化の発展」の建前で、財団を通じて国内はおろか海外まで撒き散らした。同時に、献金先を決める絶対的決定権を背景にして政財界のドンとして階段を上りつめた。こうして笹川氏は、戦後の大物中の大物として、1995年に亡くなるまで、日本の各界に睨みをきかせていたのだ。

一日一善、親孝行をアピールする笹川良一氏。余計なお世話だという感もある

三浦和義

ロス疑惑

悲劇の夫

事件が起こったのは1981年11月18日、ロサンゼルスのダウンタウンだった。三浦和義氏の妻・一美さんが何者かに頭を撃たれ、病院へ運ばれた。傷は重く意識不明の重体となった。三浦氏も足に傷を負っていた。三浦氏はカリフォルニア州知事を通じて大統領に抗議した。

アメリカ政府は妻、一美さん（28＝当時）に同情し、翌年1月にチャーター機で一美さんを日本へ搬送した。空軍ヘリで東海大学医学部附属病院へ運ばれたとき、足を引き摺りながら発煙筒をぐるぐる回して米軍ヘリに着陸地点を知らせる三浦氏の様子がテレビに映った。マスメディアも社会も同情した。三浦氏は「悲劇の夫」として一躍有名になった。

残念ながら一美さんは、意識を取り戻すことなく1982年11月30日に死去した。そして国民の誰もがこの悲劇に同情した。

明日ありと思う心の仇桜～詠み人・親鸞

ところが一美さん死去から5か月後、三浦氏は別の女性と再婚したのである。この三浦氏の不可解な行動に一美さんの両親は呆れた。

隠されたもう一つの顔

そして三浦氏の周辺には悪い噂が立ち始めた。亡くなった一美さんには海外旅行保険（3社総額1億5千万円）がかけられ、すでに支払われていたという。愛妻家で鳴らしたあの悲劇のヒーロー・三浦氏には、裏の顔があるのではないか。当時、私が専属カメラマンをしていた「週刊文春」編集部は取材に動いた。

三浦氏は1947年生まれ。彼の叔母には石原裕次郎を発掘した映画界の大物プロデューサーMさんがいた。Mさんの顔で三浦氏も子役で映画に出演したこともあったらしい。しかし、その後は出てくるわ、出てくるわ。中学生から高校時代にかけて三浦氏が犯した数々の犯罪だ。窃盗事件で少年鑑別所送りになり、しかも脱走。さらに放火で水戸少年刑務所に7年間服役していたという。驚くべき事実だった。

さらに、三浦氏には、異常とも言える女性問題があった。一美さんと結婚する以前にも数々の女性を泣かせていたのだ。そしてめまぐるしいまでの結婚歴である。最初の結婚相手のT子さん。彼女は電車の中で痴漢に遭っているところを助けられたのがきっかけで三浦氏と知り合い、交際数か月でスピード結婚した。三浦氏は結婚後も何度も職を変え、T子さんがバイトをしながら家計を支えた。が、ある日とつぜん彼は彼女の前から去った。

そして2番目のN子さん、3番目が銃撃事件で死亡した一美さんだった。だが最初の妻T子さんは、「三

姉・一美さんの墓に手を合わせる双子の妹・清美さん

浦は籍を入れただけでも3人。愛人関係だったら何人いたかわかりません」と記者に語ったという。

彼の女性好きを物語るエピソードは多い。三浦氏は常に女性を物色していた。たとえば上野駅発の長距離列車がホームで待機しているとする。その列車の外から車内を覗き込み、本を読んでいる女性を見つけると車内へ入り突然声を掛け、「君の読んでいる本を僕は探し続けていたんだ」と巧みに近づくのだ。つまりナンパして付き合いに発展させる。それが三浦氏の日常だった。

話は戻るが、殺された一美さんに多額の保険金がかけられていたのは本当だった。さらに一美さんと結婚する以前から保険金詐欺をはたらいていたことも『週刊文春』編集部の取材で明らかとなった。三浦氏は極めて保険に詳しい。いわば保険の「プロフェッショナル」だった。当然、保険会社とのトラブルもあったらしい。

取材を進めていくにつれて、一美さん銃撃事件の裏に「何か仕組まれた重大な疑惑があるのではないか?」と編集部は考えるようになった。一美さんと知り合う前の話だが、2番目の妻と離婚話が進められているなか、三浦氏はもう一人の女性と同棲中だった。名は白石千鶴子さん(※離婚前の名は楠本千鶴子さん。後に離婚成立)だ。千鶴子さんは夫との離婚調停中に三浦氏と知り合い、愛人関係になった。この関係は離婚が成立後も続いていた。しかし三浦氏と一美さんとの付き合いが始まると愛人の白石千鶴子さんが突然行方不明になったのだ。

行方不明になる前、千鶴子さんは都内の歯科医院で事務員として働いていた。が、千鶴子さんは突然北海道へ行くと言ったきり消息を絶ったが、友人らの話によると「近々、三浦氏とハワイで挙式する」と話していたというのだ。

実際には千鶴子さんは1979年3月29日にロサンゼルスへ向け出国。その2日前に三浦氏も同地へ向け出国していたのである。千鶴子さんはそのまま行方不明となった。後にロサンゼルス郊外のサンフェルナンドバレーで白骨化した遺体で発見され身元不明のまま認識番号〝ジェーン・ドゥ・88〟と仮名された女性が千鶴子さんだったということが判明する。

そして1984年1月に、三浦氏の保険金目的の嘱託殺人を視野に入れた特集〝疑惑の銃弾〟の第一弾が『週刊文春』に掲載されるやいなや、テレビがたちまち反応し、日本中が大騒ぎとなったのである。以上が〝三浦事件〟の概要だ。

『週刊文春』で〝疑惑の銃弾〟連載が始まると、日本中の話題は〝三浦事件〟一色だった。「あいつは心底悪だ」「俺は初めから怪しいと思っていた」などなど、床屋談義よろしく一億総探偵の有様だった。テレビのワイドショーも毎日、三浦事件の話題を取り上げた。だが、事件の進展はないままに時は過ぎていった。

逮捕情報を受けて「ハリコミ」30日

1985年6月、停滞状態が一変する。編集部に「近く三浦和義、逮捕」との情報が入ったのだ。そこで編集部デスクは、私を含む3人のカメラマンを、当時、三浦氏が住んでいた千葉市のマンションに密かに向かわせた。

三浦氏のマンションは6階建てで道路を挟んで駐車場があった。我々は車の窓から服で隠した600ミリ望遠レンズで三浦氏の玄関に焦点を合わせた。さらに私以外の二人は、三浦氏を直撃するため、いつでも飛び出せるようにスタンバイしていた。

張り込みは24時間体制だった。狭い車内、目を擦り擦りじっとファインダーの先を見つめ続けた。しかし何の動きもない。長期戦になると覚悟した。

3日が過ぎたころ、三浦氏のマンションに向かって左手前に2階建ての小さな旅館があることに気が付いた。早速、車を捨て旅館に入った。窓を開けると70メートル先に玄関が見えた。一人が三脚に据えた望遠レンズにとり付き、もう一人はいつでも飛び出せるようにスタンバイ。もう一人は布団で爆睡。この6時間交代のローテーションが約1か月も続いた。長い張り込みが続くと誰もが無口になった。逮捕はいつか――。

その間、三浦氏が渋谷の店へ出かける姿や、妻とのツーショットを何コマも撮影した。ある早朝、3人の私服刑事らしき男が三浦氏の玄関に近づいたが、何ごとも起こらなかった。そのうち我々文春カメラマンの動きに気づいた他社のカメラマンが姿を見せるようになった。これで極秘取材は終わりだ。

しかし、これは『週刊文春』が三浦氏に直撃取材するきっかけとなった。そして三浦氏が、経営する「フルハムロード」へ車で出勤する後を車で追っかける毎日が続くようになった。

三浦氏は、カメラマンたちのつきまといを楽しむように、用もない箱根や湘南へドライブに出かけた。途中コーヒーショップへ立ち寄ったとき、私は初めて三浦氏と口を利いた。

三浦氏は、「週刊文春」と書かれた私の腕章を見つめ、「文春さん、ようやくの登場だねぇ～ご苦労さん」

必死で三浦和義氏の後を追うメディアの記者やカメラマン

とヘラヘラ笑いながら喋りかけてきた。それは私が三浦和義という人物の性格を覗き込んだ瞬間でもあった。

ついに1985年9月11日、警視庁捜査一課は銀座のホテルにいた三浦和義を殺人未遂、愛人のYを一美さん殴打事件の容疑者として逮捕した。後に東京地検は殺人と詐欺で三浦和義を再逮捕。しかし最終判決は殺人では無罪。傷害で懲役6年が確定した三浦氏は仙台刑務所に収監された。

出所後、三浦氏は自分に対する大きな報道犯罪を世に問い、文化人を気取り冤罪被害さえ訴えた。ところがロス疑惑も人々から忘れ去られた頃、どんでん返しが彼を待ち受けていた。三浦氏は2008年、サイパン島へ旅行したところをアメリカ捜査当局によって逮捕されてしまったのである。まさに青天のへきれきだった。身柄はロサンゼルスへ移送され、一美さん銃撃事件の共謀罪で起訴有効となった。さらに捜査当局は白石千鶴子さん（ジェーン・ドゥ・88）に関する件でも、三浦氏を第一級殺人で起訴する方針を固めていた。

「これはもう逃げられない。サイパンへ出かけなければよかった」

と嘆いたかどうかは窺い知れないが、後の祭り――。

2008年10月10日、三浦氏は身柄拘束されていたロサンゼルス市警の留置場で首を吊って自殺した。

横井英樹

乗っ取り屋

誰も信用しない「守銭奴人生」

貧乏人が成功した。平たく言えば〝成り上がり〟。その裏では多くの人の怨み、軋轢、妬みを買うものだ。横井英樹氏。昭和・平成を駆け抜けた乗っ取り屋である。横井氏は1913年愛知県に生まれる。父親は無職、酒飲み、DVの三拍子そろったダメ人間だった。母親は手内職で横井少年を育て上げた。少年は小学校から働き始め、頭が良くガキ大将でもあった。

彼は畑を借り野菜を作って僅かな生活資金を得た。そして高等小学校を中途退学後の15歳のとき、ボロ浴衣を着て上京。メリヤス（繊維）問屋へ丁稚奉公へ入った。奉公人としての詳細は知られてはいないが、まずは所作なく勤めたのであろう。

1930年、独立して横井商店を設立した。そして1942年、太平洋戦争で商機を得る。軍需工場に出入りをし、高級軍人にあの手この手で上手く取り入り、軍の下請け管理会社である横井産業を設立した。

大学病院に入院している横井英樹氏。毎日愛人が見舞いに来ていたという

横井産業は兵隊の防暑服の製造で儲けた。戦時成金というやつだ。

戦争が終わり横井氏は思った。戦後は繊維よりも不動産だ。そして焼け跡のただみたいな土地を買い漁り、資産を増やした。次に横井氏はこの財を使って乗っ取りを企てる。

1950年、目を付けたのは東京日本橋の老舗デパート白木屋だ。白木屋株を買い漁り、当時の白木屋社長を「何処の馬の骨かわからんヤツに伝統あるこの店が乗っ取られてたまるか！」と嘆かせたという。

結局、この白木屋「乗っ取り騒動」は政財界を巻き込んですったもんだし、数年後に横井氏は株を手放す形で乗っ取りに失敗する。

1964年、次に箱根の高級ホテル『富士屋』の乗っ取りを計画し、もう一人の乗っ取り屋である国際興業社主・小佐野賢治氏と激しく対立した。結局、右翼の大物・児玉誉士夫氏の仲介で手打ちしたが、そのとき横井氏が手放した株の代金数億円を、児玉氏や小佐野氏の前で一枚一枚手で数え上げたというのは有名な逸話だ。

その後横井氏は1979年、東京・赤坂の『ホテルニュージャパン』を買収した。ホテルニュージャパンは都内の一等地赤坂にあり、知名度は高かった。しかし、横井氏が社長になったことで後に大変な事件が起こることになる。横井はホテルの最重要課題である安全管理に無駄金は使わないという哲学からか、自動火災報知器の定期点検はせず、スプリンクラーも形だけだった。それが仇となった。

1982年2月8日、外国人宿泊客の寝タバコが原因で火災が発生。瞬く間に火はホテル中にまわった。炎に焙られながらカーテンを握りしめて下へと逃げる男性——熱さに耐えきれず飛び降りる女性——

ニュース画面で展開する光景は悲惨極まりないものだった。そして33人の命が奪われてしまった。

ところが横井氏は現場に到着したとき従業員に、次のように指示をしたという。

「ホテルの高級家具が燃える。惜しい。家具の運び出しを優先しろ」

その後横井氏は焼けた建物を14年も放置した。

私は無惨に放置されたホテルに深夜、高い塀を乗り越えて潜入撮影した。懐中電灯に黒く浮かび上がる焼けた壁、家具、配線、冷蔵庫。真っ暗な廊下を進んで行くと、いまにも犠牲者の怨霊が声を掛けてくるような幻想が頭の中をチラチラした。

結局、横井氏は1993年、火災の責任を問われて禁固3年の判決を受け、刑務所へ入った。

出所して間もなく、『週刊文春』編集部に一本の電話が入った。

「読者ですが、あの横井英樹が神奈川県足柄の東海大学病院に入院しているんです。複数の愛人らしき女が毎日入れ替わりで見舞いに来ています。あんな悪いヤツ、記事にしてください」

というタレコミだ。

早速、編集者と出かけた。受付を通さず、一般見舞客を装い、一階売店付近で待った。待つこと5時間、ガウンを着た横井氏が二人の女性を従えてやってきた。私は柱の影から二度シャッターを切った。気付かれなかった。

次は直撃だ。「横井さん体調はいかがですか？」と声をかけたとたん、傍にいた愛人Aさんが「止めてください！」と金切声を上げ、横井氏の前に立ちふさがった。

横井氏は病人とは思えないほどの俊足で近くのドアを開け、階段を転ぶように下って行った。立ちふさがる愛人の悲鳴と怒号、追う記者と私。院内は騒然となった。

結局、横井氏は愛人の献身的なガードでカメラから逃げ切った。

晩年、横井氏の資産のほとんどは安値で売却され、残ったのはスーパーマーケット1店とボウリング場1店のみだったという。1998年、横井氏は心臓発作で急逝した。彼の85年の人生が成功だったのか失敗だったのかはともかくとして、彼が心のままに生きてきた人間だということだけは確かなようだ。

平沢貞通の養子・平沢武彦

帝銀事件

死刑囚平沢貞通が獄中で描いた絵と養子の平沢武彦さん。阿佐ヶ谷のアパートにて

「帝銀事件」の再審請求人

平沢武彦さん（享年54）は、戦後すぐに起こった大きなミステリーと言われる「帝銀事件」の再審請求人で、この事件で犯人とされ死刑が確定したまま獄中で病死した平沢貞通・元死刑囚（享年95）の養子だ。「帝銀事件」とは、1948年1月に帝国銀行・椎名町支店（東京豊島区）で起きた銀行強盗殺人事件だ。都の防疫部と名乗る男によって、赤痢の予防薬と偽った青酸化合物を飲まされて12名が殺害され、現金や小切手が奪われたという戦後の混乱期に社会を震撼させた事件だ。

犯行の手口から、旧陸軍関係者の事件への関与が疑われ、実際にその方面への捜査も行われていた。だが事件から7か月後に逮捕されたのは、以外にも著名な画家の平沢貞通だった。彼は皇室に絵を献上したこともあるテンペラ画の巨匠だった。

逮捕のきっかけは、犯人が使った名刺が捜査線上に浮かんだことだが、その他にも次々と平沢をほんぼしとする情報が明らかになる。人相書きに極似している——事件後被害総額とほぼ同額の預金をしている——家に青酸カリがあったと思われる——。科学的捜査はまだ未熟という時代を割り引いても、これだけ辻褄が揃えば犯人とされても仕方がない。実際、平沢の妻子も平沢が犯人ではと思ったという。

平沢は1か月後に自供を始めた。そして1955年に最高裁で死刑が確定する。

作家の森川哲郎氏が「平沢貞通氏を救う会」を結成したのは、1962年7月のことだ。平沢は獄中からずっと無実を訴えていた。森川は獄中の平沢と文通するなかで、平沢の無実を確信するようになる。逮捕の決め手は本人の自供だが、その自供が何ともあやふやなのだ。その上、もともと平沢には虚言癖があった。

森川は署名集めなど精力的に支援を始める。その森川の長男が後に平沢の養子になる武彦さんだ。武彦さんは1959年生まれというから、「平沢貞通を救う会」が結成されたとき、まだ3歳だった。そして彼は父親の精力的な活動を目のあたりにしながら育っていく。

平沢は無実を訴え続けたが再審請求が認められることもなく、その後の人生を獄中でひたすら絵を描いて過ごすことになる。

武彦さんが平沢の養子になったのは1981年のことだ。理由は高齢になった平沢に万が一のことがあったら再審請求を引き継ぎたいという思いからだ。再審請求は本人が亡くなったら家族しか引き継ぐことができないが、平沢の家族は縁を切っていたのだ――。

仙台の拘置所から八王子医療刑務所へ移送されていた平沢が「もう危ないようだ」という情報が入ったのは、1987年2月の終わりのことだった。メディアは平沢が収監されている八王子医療刑務所に集まった。だが、獄中から流れてくる情報は皆無に等しかった。

それでも私は、何とか情報を掴もうと毎日、刑務所に通った。そんななか、ある若い男性が、決まって10時前にぶ厚い刑務所の門の扉の脇から入って行く様子が見られた。彼は平沢貞通死刑囚の養子、平沢武彦さんだった。

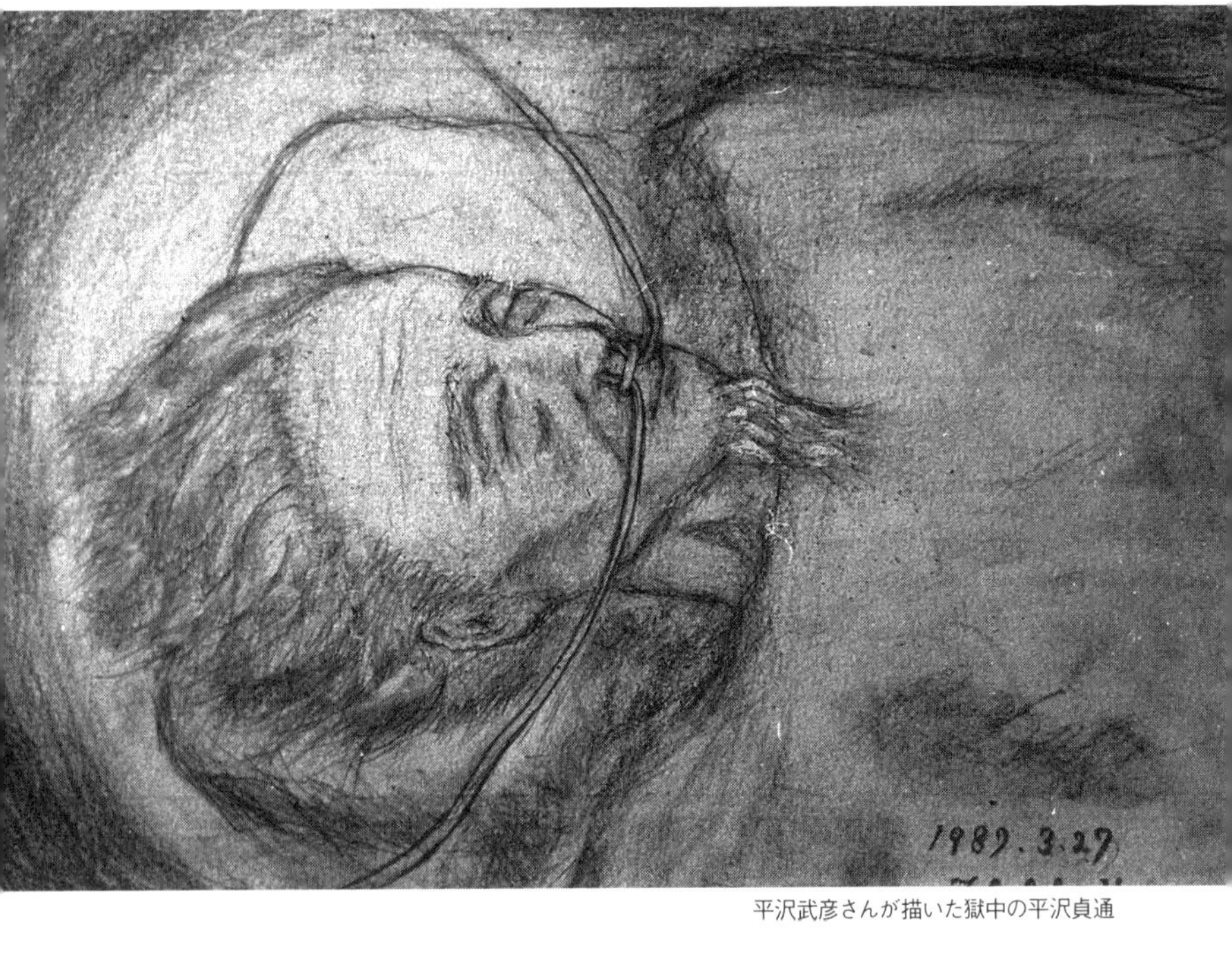

平沢武彦さんが描いた獄中の平沢貞通

平沢貞通死刑囚の獄中の姿を絵にする武彦さん

「父は肺炎でとても危ない状態です。鼻に酸素チューブが差し込まれた状態で目を瞑っています。ただ、僕が訪ねて行くと、僅かにこちらへ顔を向けて少し微笑むように顔の深い皺を動かします。身体はすっかり骨と皮だけになって、あの状態で生きていること自体が不思議な気もします。何とか生きているうちに外の世界を見せてあげたい……」

武彦さんをはじめて見たときは、物静かで言葉少ない人だと思ったが、その発言を聞いてとても誠実で心のきれいな人だとの印象を受けた。「獄中にいても自分の無実を信じてくれる人間が確実に一人はいるんだと思ってもらいたい」とも武彦さんは語った。

そして刑務所前で取材し始めた頃の雪交じりの重い空は、寒さが緩み梅が咲き、季節は変わっていった。その間、武彦さんの刑務所通いは、毎日、判で押したように続いていた。

桜は散り、若葉が膨らむ春の暖かさを迎えた1987年5月10日、平沢貞通死刑囚の獄中生活はその死によって終止符を打った。そして獄中には彼が長年描いたテンペラ画だけが残った。

それから幾年か過ぎたとき、武彦さんに連絡をとって彼のアパートを尋ねた。部屋はJR中央線・阿佐ヶ谷駅の線路際の路地を入ったアパートの2階にあった。出迎えた武彦さんの顔は少し青白く、あまり外出はしていない様子だった。むせ返るような澱んだ空気のなか、平沢が長年描いた絵が武彦さんを見つめていた。

平沢の絵を入れて武彦さんを写真に収めた。久しぶりに会った彼は、さらに寡黙になり、私の質問にぽつりぽつりと答えるばかりだった。平沢の死で彼の何かが壊れてしまったようにも感じた。

その後、武彦氏は体と心の病を患い、自殺未遂もあったという。そして２０１３年10月、自宅アパートでひっそりと亡くなっているのが発見された。その報を聞いたとき、私の心のなかを冷たい隙間風のような何かが吹き抜けていった。

カルト 統一教会

「闇の継承」の終わり

安倍晋三元総理銃撃事件でクローズアップされた旧統一教会は、霊感商法やマインドコントロールされた娘や息子を取り戻そうとする親の苦闘が報道され、一時期の日本で大騒ぎの的となっていた。

1954年に韓国で文鮮明によって創設された統一教会が日本に支部を設立したのは1959年、それ以来日本の保守系の政治家と関係を築いてきたというのは周知の事実だ。特に安倍元総理の祖父で日本支部設立当時の総理大臣だった岸信介とは「国際勝共連合」日本支部の発足など密接な交流が岸の死まで続いた。

1984年、「国際勝共連合」関連の会合に現れた岸氏を撮ったが、その存在感は90歳を目前にしても周りを威圧していた。「昭和の妖怪」の大きな目の奥には確固たる「反共」の情念の残り火がチラチラと燃え残っていた。そして、この岸氏と統一教会の関係は岸氏の死後も安倍晋太郎、晋三親子と三代にわたって続いていく。

世間の統一教会への関心が最高潮に達したのは1992年8月25日に韓国のソウルで開催された合同結婚式の時だった。結婚式の参加者としてアイドル歌手だった桜田淳子や新体操の元オリンピック代表だった山崎浩子らの名前が発表されたのだ。合同結婚式では結婚相手を教祖が選ぶという。見ず知らずの相手と結婚することなど、とても常人には理解できない。ともかくも結婚式の取材に行った。

ソウル郊外にあるオリンピック総合スタジアムの入り口で受付を終え暗い廊下を歩いてスタジアムに足を踏み入れた瞬間、思わずあっと息を呑んだ。巨大なスタジアムが純白のウエディングドレスで埋まっていたのだ。この日、世界中から3万625組のカップルが集まっていた。不気味としか言いようがない光景だった。やがて教祖の文鮮明と妻の韓鶴子が冠を頭に乗せクリーム色に金筋のガウンをまとって姿を現した。すると3万625組の男女が一斉に「ムーン・ソンミュン、ハン・ハクチャ、マンセー（万歳）」と連呼する声がスタジアムに響き渡った。

式は進んでいったが、真夏のソウルはとんでもなく暑い。あちこちで花嫁が倒れ始めた。広告塔である桜田淳子などのVIP以外には飲み物も与えられていない。ラテンアメリカ出身らしき一人の花婿は隣りで倒れた花嫁を助けるでもなく、じっと教祖の顔を見つめて微動だにしない。やはり異様だ。

ここに集まった信者たちは一人あたり30万円の参加費と140万円の感謝金を払って参加している。アフリカなどの開発途上国から来た花婿の中には、田畑を売ったあげくに借金までして参加しているケースもあるとか。韓国人カメラマンのキムさんは「それでも韓国の女性と結婚すればリッチになるんだよ」と

文鮮明マンセー！　統一教会マンセー！

合同結婚式に出席したカップルへ祝福の祈りを捧げる文鮮明

国会答弁でも平気で嘘をついていたとも言われた安倍晋三元首相

世界勝共連合の会議に出席した「昭和の妖怪」岸信介氏

言うが、本当だろうか。「娘がアフリカ人と結婚すると聞いて泡を吹いてぶっ倒れた母親もいるらしいよ。この国は結婚に関しては恐ろしく保守的だからね」と教えてくれた記者もいる。「ここに集まった男女はいずれにしても家族との軋轢のドタバタの果てにこの日を迎えているんだ。文鮮明は世界中の家族からさぞかし恨まれているだろうね」

その話を裏付ける光景があった。スタジアムのスタンドには花嫁・花婿の家族の姿もあったが、「アイゴー‼」と泣き崩れる母親や怒りを噛み殺すように頬の筋肉を痙攣させている父親が望遠レンズの向こうに見えた。「息子をムンにさらわれた。もう息子は手の届かない遠い世界に行ってしまった」と一人の父親は嘆いた。マンセー‼　アイゴー‼　広いスタジアムの中で歓喜と嘆きが奇妙な潮目を作り出していた。

旧統一教会に家庭を壊された人は多い。恐ろしいマインドコントロール。安倍元総理を死に至らしめた犯人もその一人だ。母親が旧統一教会の熱心な信者で献金を繰り返した挙句に家庭は崩壊したという。そして、三代にわたって旧統一教会と密接な関係にあった安倍元総理に恨みの矛先は向けられた。

この事件では自民党の議員と旧統一教会の癒着が改めて洗い出された。また宗教団体への認可のあり方も見直されようとしている。この先に同じような悲劇を繰り返さないために。

脳梗塞で倒れて以来、はじめて郷里の自宅へ帰った田中角栄氏。横には真紀子氏の姿が

田中角栄と田中真紀子

政治とカネ

ウン、ウン、ウン。分かったよと言いたいのだろう。郷里の自宅で手を振る角栄氏

闇将軍

2024年、正月明けに故田中角栄元首相の邸宅、通称「目白御殿」が火災で消失した。娘で元衆議院議員の田中真紀子さんは「お見舞いよりも早く能登半島地震の対策を」と相変わらず気丈な様子だというが、昭和の政治の重要な舞台でもあった「目白御殿」の消失というニュースに、昭和の時代がまた遠くなったという感慨を覚える。

田中角栄は戦後昭和の政治史に良くも悪くも大きな足跡を残した。極貧家庭に生まれて学業も続けられなかったが、新潟から上京し頭の良さと努力で政治家になり総理大臣にまで上り詰めたこと。「日本列島改造」論をぶち上げ次々と日本を掘り返していったこと。日中国交正常化を成し遂げたこと。しかし、カネを集め配りまくる金権政治の象徴となったこと。あげくにロッキード事件の収賄容疑で逮捕され実刑判決を受けたこと。

そして田中角栄の足跡はそれだけではない。逮捕を受けて自民党を離党した後も選挙では圧倒的な支持を集めて当選を続け、最大派閥・田中派を率いる「闇将軍」として自民党内で圧倒的な権力を持ち続けたのだ。

とにかくスケールが大きい。彼が総理大臣のときにその演説を聞いたことがあるが、「わだぐじが田中角栄であっりっます！」。あの独特の腹から絞り上げるような濁声で、聴衆の一人ひとりに向けてせっかちに語りかける演説の一言一句は、確かに説得力があった。真夏のギラギラと照りつける太陽の下で、顔中に玉のような汗をぎらつかせ、その汗が顎からぽたぽた滴り落ちていた。

次に目撃した田中角栄は失意の中にいた。話はその2年前の1985年に遡る。ロッキード事件での実刑判決には敢然と戦う意志を見せていた田中角栄だが、身内の竹下登らの反逆による田中派の分裂という事態に見舞われ、ウイスキーをがぶ飲みしたその数週間後に脳梗塞で倒れたのだ。

マスコミはこぞって田中角栄を追った。「目白御殿」の前には連日マスコミが張り込み、一目でも田中角栄の姿を捉えようと各社のカメラマンは高い脚立の上から邸内を窺ったりもした。しかし、その姿を捉えることはできないまま日が過ぎていった。

病状についても娘の真紀子さんは口を閉ざしていた。そんな状況のなか、田中角栄が新潟の実家に行くという情報が入り、私は新潟県柏崎市の田中邸に向かった。

果たして、田中角栄は姿を現した。その顔は思ったよりも元気そうに見えたが、やはり往年の迫力は削げ落ち、田中角栄といえば思い出す陽に焼けて脂ぎった顔はすっかり白くなっていた。そして、娘の真紀子さんが傍らで献身的に父親を支えていたのが印象的だった。田中角栄は気の強い娘を「目白の軍鶏《シャモ》」と形容していたというが、その軍鶏と言われた娘は病に倒れた父の手足となった。そして、父を裏切った面々を決して許さなかったという。

見舞いに訪れた竹下登を門前払いしたという逸話は有名だ。その門前払いには裏があった。右翼団体によって〝ほめ殺し〟にあった竹下氏が暴力団幹部に仲裁を依頼したが、その条件が田中邸に出向いて田中角栄に詫びを入れることだったというのだ。だが竹下氏は門前払いを喰らってしまった。

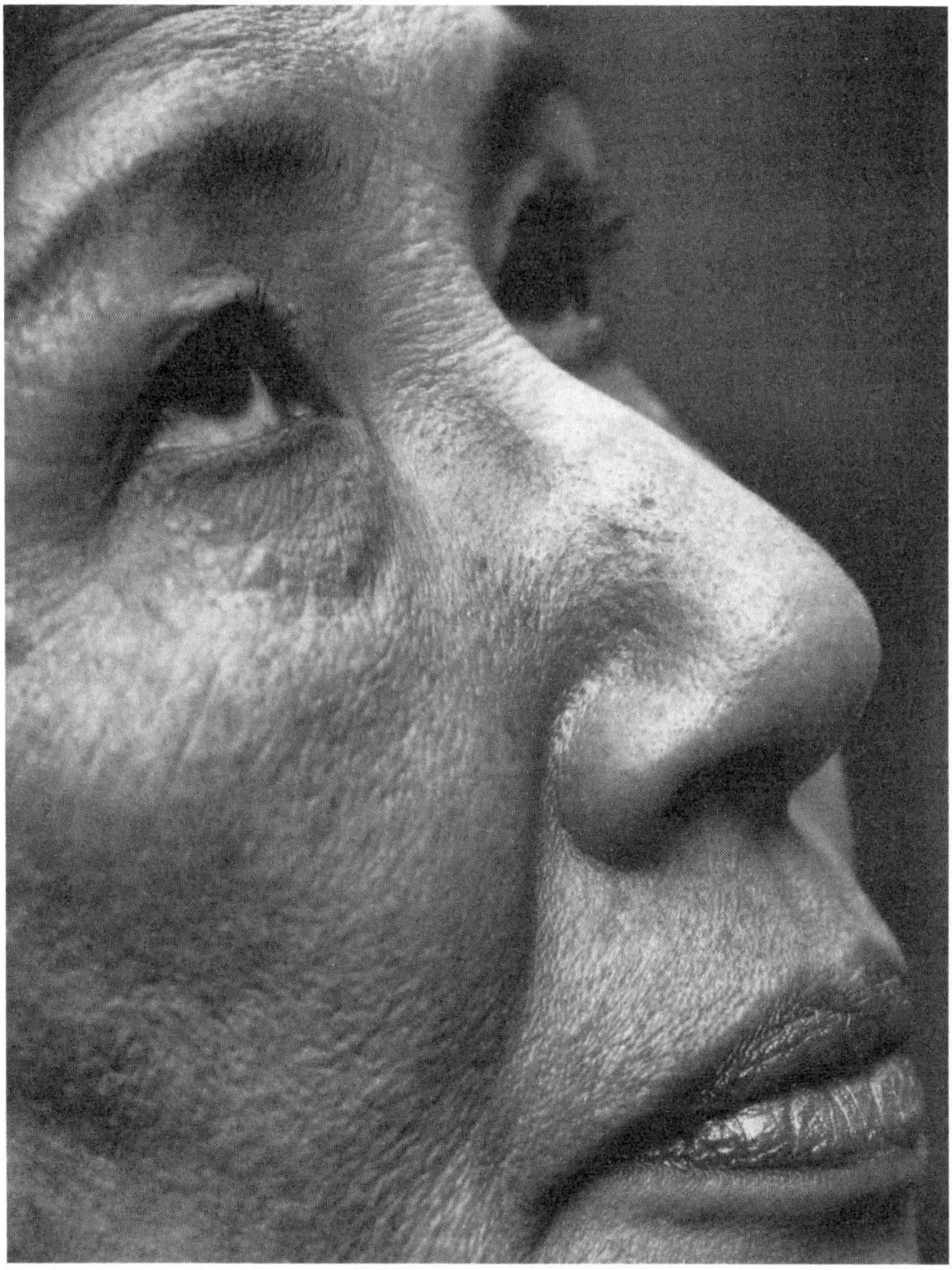

父・角栄氏に目白の軍鶏と言わせた田中真紀子氏。目が怖い

その後、娘の真紀子さんは1993年に父の選挙区から立候補してトップ当選し、衆議院議員となる。以来、当選6回、科学技術庁長官、外務大臣、文部科学大臣を務めた。

田中角栄は並外れた政治家だったが、そのDNAを受け継いだ田中真紀子もその歯に衣を着せない言動で一躍マスコミの寵児となった。とにかく田中真紀子の話も父親同様面白かった。国民もやんやの喝采で政治に対するモヤモヤを解消していたように思う。

田中真紀子が外務大臣だったころといえば、小泉政権の当初の時代だが、国民はテレビから連日流れる政治ニュースに見入っていた記憶がある。劇場型といわれた小泉政治は、マスコミの格好のネタだった。国民の関心は政治の内容云々にもまして登場人物のキャラクターに集まった。週刊誌でもテレビでも飲み屋でも床屋談議に花が咲いていた。2001年の当時、国民は確かにいまよりずっと元気だった。少なくとも政治の話をするだけの余裕があった。

また、小泉政権の功罪は別にして、あの時代からしばらくは政治家にもそれぞれの顔があったと思う。それから紆余曲折を経て、いつの間にか国民は手足をもがれたように政治から離れ、政治家の顔もぼやけてしまった。

さて、田中真紀子は顔の見える政治家の筆頭だった。数々の行動や発言には問題も多く、外務省の風呂敷役人との軋轢のあげくに任期途中で外務大臣を更迭されるという不名誉もあったが、世論は田中真紀子を支持した。公の場で他の政治家を小気味よく話のネタにし、こき下ろしたが、国民は案外納得していたのではないだろうか。

　その後も秘書給与流用疑惑の責任を取って議員を辞職、翌年には自民党を離党と、紆余曲折を経るが真紀子人気は衰えず。離党の後の２００３年の総選挙では無所属で立候補して当選した。果ては、古巣である自民党に対して真紀子節で毒舌を放ち、２００９年の総選挙前には夫・直紀と共に民主党に入党し、民主党政権樹立の立役者となる。が、後の政治活動には首をかしげることも多く、有権者からも見放されていったのか、民主党が歴史的大敗を喫した２０１２年の総選挙で落選。これが事実上の政界引退となった。

　その後の時代、政治とカネの問題はより巧妙で悪質になった。しかし、言論弾圧とも言える風潮が続いたあげく、政治に立ち向かって意見する人間は減った。立ち向かう人間がいなくては信念を持った政治家も生まれない。

　田中角栄も田中真紀子も、国民の人気を集めた政治家だと言えるが、それは庶民の味方になってくれるのではないかという国民の期待感の現れだった。

「パパ、パパ、こっちよ」

　と素っ頓狂な声で夫の選挙を手伝っていた田中真紀子の姿を思い出すが、その、隣りのおばさん的な親しみやすさが田中真紀子ブームの源だった。田中角栄ブームも然り。近年、田中角栄「再評価」の声が上がっているというが、昨今の政治状況ではさもありなんと思う。

「ハマコー」親子

世襲議員

2024年の衆院選では、自民党の大物議員・二階俊博氏が引退し後を継いで三男の伸康氏が立候補した。しかしあえなく落選。世襲の夢は果たせなかった。ちなみに二階氏を破って当選した世耕弘成氏も、世襲議員だ。

今、世襲議員と呼ばれる2世・3世議員が、国会議員の実に3分の1を占めている。彼らは政治家という家業を継いだわけだが、そこには様々な葛藤もあるようだ。それを物語る一人の世襲議員のケースが、興味深い。

政界の暴れん坊

「私が喋っているとき、食べるのは止めていただきたい！」

と場内を雷のような大声で一喝するのは、通称ハマコー。自民党の浜田幸一議員だ。とたん、場内はシーンと静まり返り皆箸を止めた。すると、浜田の般若のような顔が恵比寿さんのようにとろけた。

ヤクザが代議士になったと揶揄されたハマコー

浜田幸一を励ます会での一場面だ。確かに浜田の顔はドスが利く。眉間の青筋、突き出た口、ポマードでてかてかの髪。会場には自民党のドン・金丸信も、主賓として列席していた。暴れん坊代議士と言われたハマコーの噛みつくような喋り方は、ときに自民党の大物議員さえたじろがせたという。

浜田は1928年、千葉県・君津で生まれた。実家は大地主で小学校では優等生だった。しかし、中学時代に兄の戦死で心が傷つきグレ始める。さらに父は博打と酒に溺れ、一家は没落した。

木更津中学のとき、海軍パイロットに憧れ予科練（海軍飛行予科練習生）に応募した。が、不合格。海軍工廠の軍用機部品工場に入り、そのまま終戦。

1946年、日大に入ったが喧嘩や芸者遊びに明け暮れ、とうとう24歳で半グレからヤクザになる。その頃の浜田は「木更津のダニ」と呼ばれ、挙句の果てに喧嘩で人を刺し刑務所に放り込まれた。

出所後、心から反省したかは知らないが、地元で青年活動に入った。そこで大物右翼の児玉誉士夫や笹川良一氏と知り合い、彼らの援助で千葉県・富津町議会議員に立候補し当選したのが、彼の政治家人生の始まりだ。その後は児玉氏や笹川氏からの金銭バックアップで、1969年の衆議院選挙で初当選。以降、1993年に引退するまで衆議院議員を7期務めた。

ハマコー先生が議員としてその名を世に知られるようになったのは、1979年に自民党が主流派と反主流派に分かれて抗争した、いわゆる「四十日抗争」のときだった。その日に自民党本部で議員総会を開こうとした主流派に抵抗して、反主流派が会場入口をバリケードで封鎖した。それにブチギレた武闘派「ハマコー」が、マスコミの前でバリケードの椅子や机を放り投げながら大声で叫んでいた。

「いいか！　ことわっておくけどなー、かわいい子供たちの時代のために自民党があるちゅーことをわすれるな！　お前たちのために自民党があるんじゃないぞ！」

ハマコーは吠えた。その姿がテレビで全国に流れたことで名が轟いたのだ。

彼の破天荒なエピソードは数限りない。1973年にはラスベガスのカジノでバカラ賭博をやり、4億6000万円をすり話題となった。さらに右翼「皇民党」による「竹下登ほめ殺し事件」の解決に関与した話も有名だ。ヤクザ組織「稲川会」の石井を通じて、皇民党に「8億円積むから手を引け」と言ったとか。このテの噂の絶えない人物だ。

また、衆議院予算委員会委員長になったときの委員会で、共産党の正森氏の質問中、質問を遮ったハマコーは、やにわに「共産党議長宮本顕治は人殺しだ」と言い放ち、その責任をとって委員長を解任された。このように爆弾を抱えた人間にとても大臣は任せられないと、歴代総理も決してハマコーを閣僚にはしなかった。

ある年の元日、早朝にハマコーの写真を撮りに行ったことがある。地元・富津市の神社の石段を、もろ肌脱いで駆け上がる習慣があると聞いたからだ。その背中には鮮やかな「刺青」があるはずだ。

しかし、残念ながら彼はジャージを着ていた。

「おっ！　なんだ？　どうして俺を撮りにきたんだ？」

彼は荒い息を弾ませながら凄んだが、何を狙って来たのかは内心わかっていたようだ。

彼の逸話は書ききれないが、いま思い返すと良いも悪いも彼はまさに愛嬌と浪花節と凄み、そして計算された腹黒さを兼ね備えた「昭和の政治家」だったのだと思う。

ハマコーの息子「浜田靖一」

ヒソヒソヒソ、ヒソヒソヒソヒソ――扇子で口元を隠しながら話をするのは、通称「ヤマ拓」こと山崎拓氏と、ハマコー先生の二代目議員・浜田靖一氏。

「山崎先生、あの件はどうなりましたかねー?」

「あー、あの件は俺にまかせてよ。お主も悪よのぉ……」

と言ったか言わぬか知らないが、衆議院・本会議場の上にあるカメラマン席から、400ミリ望遠レンズで見下ろすと、先生方の様々な姿態がよく見える。居眠り、週刊誌読書、手紙書き、無駄話、キョロキョロ――。

浜田靖一氏は1993年、父の政界引退に伴って地盤（選挙区、後援会）・看板（肩書、地位）・鞄（カネ）を引継ぎ、衆議院議員となった。彼はハマコー2世ゆえに「武闘派」のイメージが先行し、そして風貌も父親譲りでいかついが、実は父親とはまったく正反対の物腰の柔らかな人物だ。

もちろん親子でも性格は異なって当たり前だが、父親のやらかし、しくじりの同じ轍は踏むまいと、心に決めているかのようだ。よく学び、品良く、人間関係に気を使う。後輩議員からの人望も厚い。

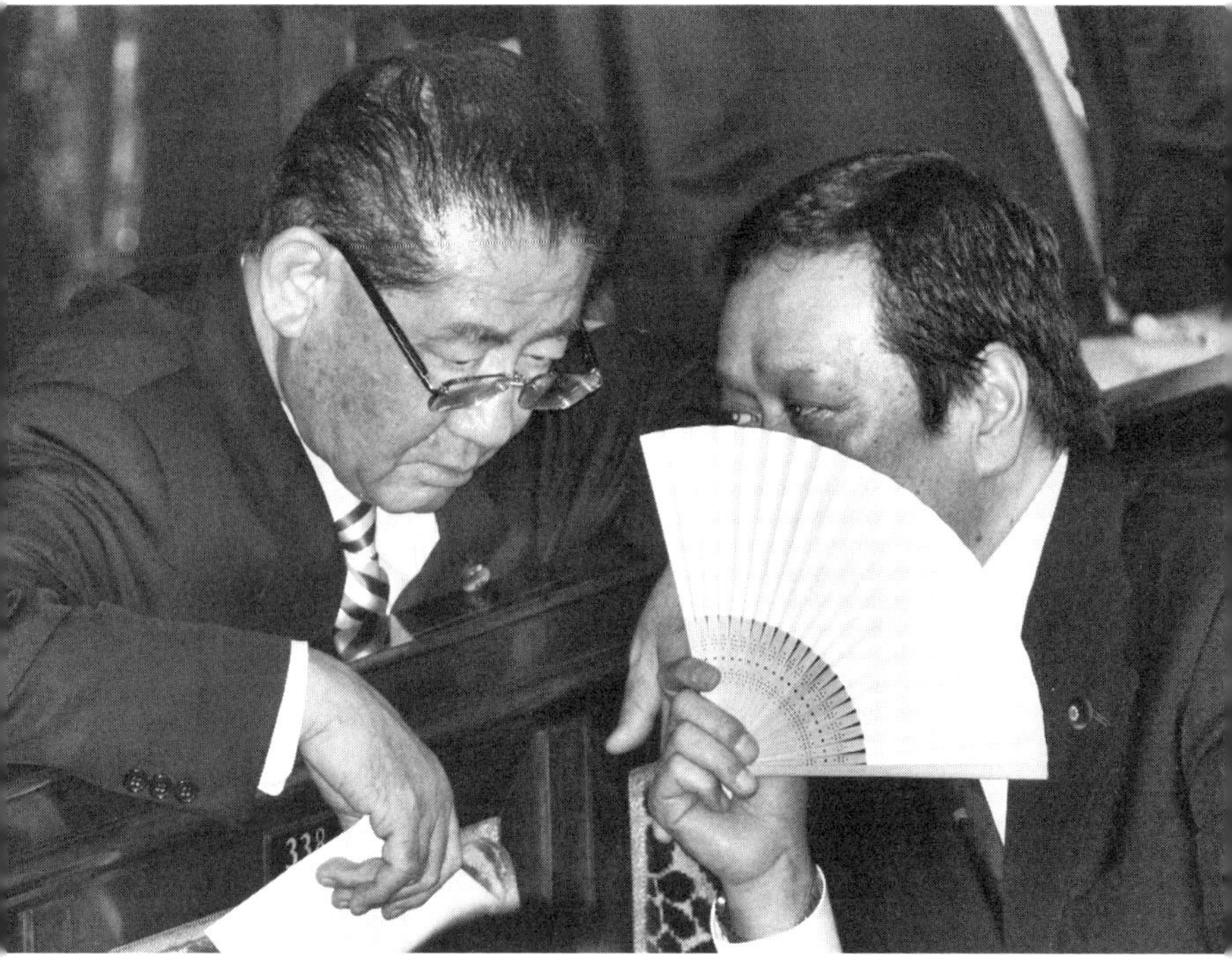

「山崎屋さん、お主も悪よのぉ」と言ったか、言わんか

趣味も「ロックバンド」と、父親の「浪花節演歌」とは好対照だ。ハマコー先生の十八番は自作の「おかあさん」で、会合ではいつもマイクを手にあのダミ声を披露していた。

政治家としての父親を間近で見て育つ2世議員にも、彼らなりの〝哲学〟が求められる。つまり父親には反面教師としての役割もある。

浜田靖一議員は、父親を反面教師としたのか2008年、麻生内閣で防衛大臣となった。その後も党の要職を歴任し、2022年に岸田内閣で再び防衛大臣に任命された。

その彼にも父親から受け継いだDNAがある。彼の「義侠心」と「突破力」は父親譲りだと評判なのだ。筋を通す姿は党内でも有名だ。そこには昭和の党人の名残りが感じられる。

そんな彼も、過去の衆議院選で、当落ギリギリのピンチを父・ハマコーの土下座で救ってもらったことがある。昭和の親父は、息子の当選のためになりふり構わず有権者に土下座したのだ。

宇野宗佑 新井将敬 中島洋次郎 山崎拓

スキャンダル政治家

政治資金規正法違反、裏金問題、議員秘書給与詐欺事件、児童保護法違反、不倫、果てはパパ活、脱税など——古今東西、政治家が起こした犯罪やモラル欠如は、与野党の垣根を越えて行きつくところまで行った。

まざまざと思い出す。ある議員は泣く泣く離党、はたまた辞職、落選。社会的制裁を受けるのは当然の報いと言えばその通り。だが、いま、まさに問われているのは政治家自身の人格、人間性そのものだ。

私がかつて政治を取材し、この目で見たスキャンダル国会議員の責任の取り方はさまざまだった。

月30万円でどうだ？

1989年8月、リクルート汚職問題の責任をとって首相を辞任した竹下登氏に替わって首相になったのが、宇野宗佑氏だった。宇野氏はこれまで身辺きれいな政治家と見られていたが、そんな彼にもスキャンダルがあった。

宇野氏は週刊誌によって過去の女性問題をすっぱ抜かれた。宇野氏の相手は東京・神楽坂の芸者Nさん（当時40歳）。それはNさん自身による実名での告発から始まった。

Nさんによれば、宇野氏はNさんのことをたいそう気に入り、愛人にした。二人の関係が終わる1986年3月まで、宇野氏から300万円の金銭授受があったという。宇野氏がNさんに3本の指を掲げて関係を迫ったとか、云々の話は当時、巷で大ウケした。色情盛ん。その宇野氏が一国の総理大臣に選ばれたのだ。

Nさんはよほど宇野氏に恨みを持っていたのか告発に踏み切った。社会には「政治家とはそんなものだ。妾がいても不思議はない」と、女性問題に妙な寛容性があったが、国民の宇野氏を見る目は一転、厳しかった。

この週刊誌報道は、はじめは新聞・テレビには無視されたが、アメリカのワシントンポストがこの醜聞を記事にするとたちまちマスコミも騒ぎ始めた。Nさんも、テレビ出演した。勇気ある告発だった。ちなみにその後彼女は出家し、尼僧となったという。

このスキャンダルのなかで行われた参議院選挙で自民党は、当然のごとく敗北した。自民党本部で行われた敗北記者会見で、宇野氏は「選挙戦敗北の責任をとって総理総裁を辞任する」と語った。

総理在任わずか69日だった。居並ぶメディアは宇野氏の口から出る、「選挙戦の敗北に責任をとって」というひょうたんナマズ式の回答に失笑した。誰もが愛人スキャンダルが大きく選挙に影響したと確信し

愛人N子さんに実名顔出しで告発された宇野宗佑・元首相

宇野氏を告発した芸者N子さん。後に尼僧となった

衆院本会議に出席した中島飛行機のボンボン代議士

ていたからだ。そして当の宇野氏は次の衆議院選で落選し、彼の政治生命は終わった。

ボンボン議員のしくじり

衆議院議員・中島洋次郎氏と言えば、戦前の巨大軍事産業「中島飛行機（現スバル自動車工業）」の創業者の孫でもあった。1998年、この中島氏については架空領収書を作り政党助成金を政治資金以外の目的に使った政治資金流用違反、公設秘書給与2000万円を流用した詐欺罪、また収賄、公選法違反など、数々の汚職事件が発覚した。

発覚直後、衆議院本会議場で席に着く中島議員の姿を、私は議上から望遠レンズで捉えた。カメラのフレームにアップされた中島氏の顔は、一見冷静さを失ってはいないように見えたが、内心は穏やかではなかっただろう。東京地検特捜部の捜査は日に日に迫り、ある朝「おはようございます。中島さんですね」と、東京地検の捜査員が切符（逮捕令状）を掲げる日の光景が頭の中を駆け巡っていたのではと推測する。

それにしても、政治家というのは厚顔無恥だ。どこまでも面の皮が厚い。大勢のカメラマンからレンズを向けられてもポーカーフェイスでいられる。その後、中島氏は逮捕、起訴され議員を辞職、実刑判決を受け最高裁に上告中の2001年1月に自宅で首を吊り自殺した。

利権に目が眩《くら》んで

新井将敬・自民党代議士は、1998年2月、日興証券を巡る証券取引法違反で検察の捜査対象に浮か

記者会見の数日後に首つり自殺した新井将敬氏

んだ。

新井氏は16歳で日本国籍を取得した在日朝鮮人だった。彼が語るには、幼いときから「朝鮮人野郎。ニンニク臭い。さっさと半島へ帰れ」などと言われなき民族差別を受けてきたという。

が、もともと努力家の彼は差別を梃子に奮闘し、東大を出て旧大蔵省証券局へ入った。エリートだった。彼の友人の話によると、新井氏は正義感が強く、東大闘争のときには東大全共闘の活動家であったという。

また右翼の野村秋介氏も、「正義感が強い新井とは亡くなるまで友人関係にあった」と語った。

大蔵省出身の国会議員の中でも、彼はメディア関係者と頻繁に勉強会をし、熱心な政治家といわれた。

そんな彼でも目の前にある利権に目が眩んだのだろうか。カネの力には勝てなかったのか。

1998年2月19日、新井氏はホテルで首吊り自殺した。部屋にはウイスキーの空ビンが転がっていたという。彼は自ら死を選ぶことで自身の美学に殉じたのだと言う人もいた。

女性スキャンダルで失墜した〝エロ拓〟

YKKと呼ばれた3人の政治家がいた。山崎拓氏、小泉純一郎氏、加藤紘一氏。そのなかで女性スキャンダルで政界を引退したのが、〝ヤマ拓〟こと山崎拓・元自民党副総裁だった。しくじり政治家である。

ヤマ拓には10年におよぶクラブホステスの愛人がいた。ところが彼は愛人女性に飽きたのか、500万円の手切れ金で愛人関係を解消した。彼の女性好きは政界でも知られていたがそれまで表に出ることはなかった。しかし、その愛人のA子さんによる告発で一気に〝エロ拓〟と呼ばれるようになるのだ。

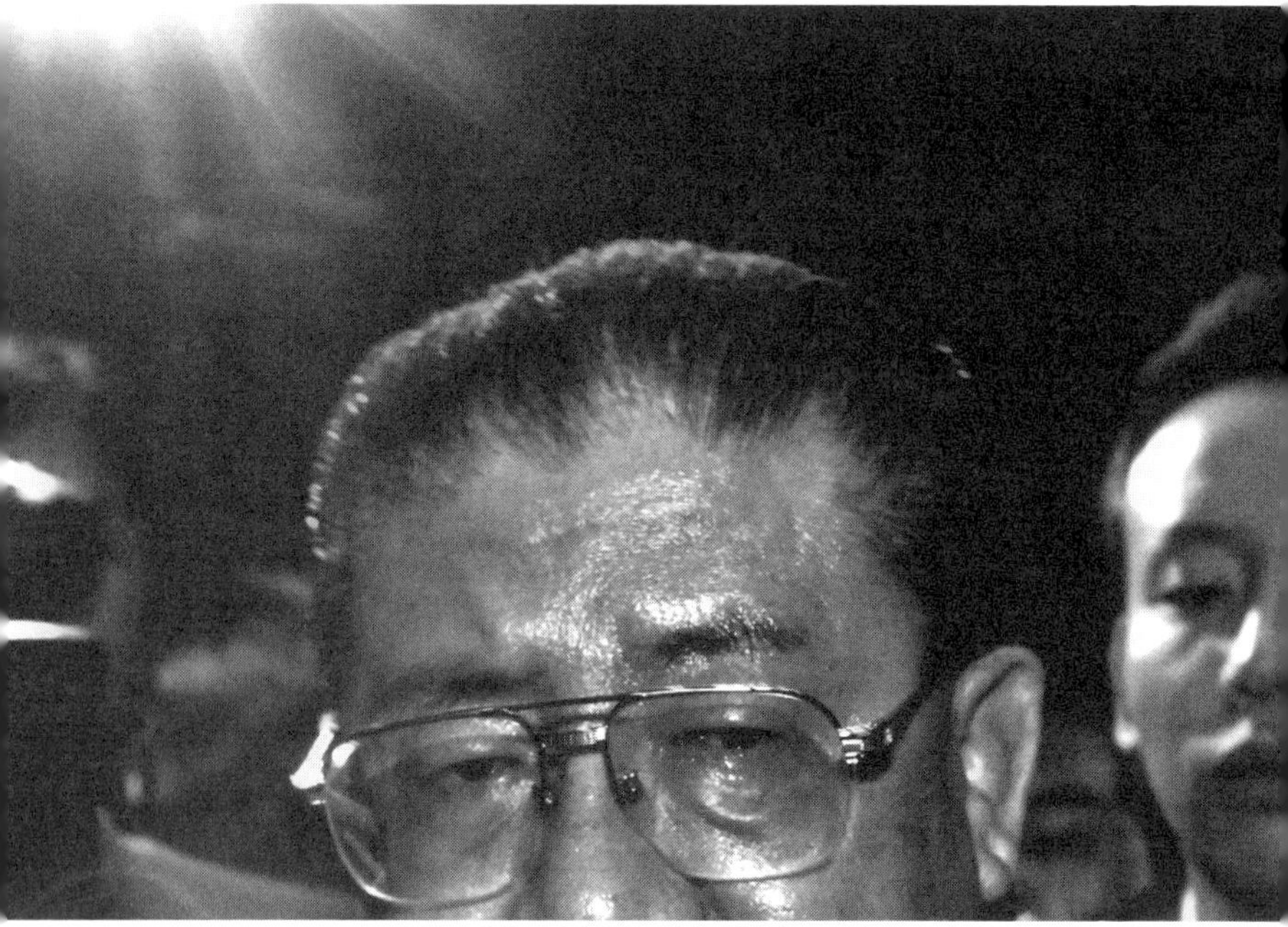

〝エロ拓〟と陰で呼ばれた元自民党副総裁・山崎拓氏。将来は総理を嘱望されたが、落選

A子さんもまた実名を晒し、2002年、日本外国特派員協会で記者会見を行った。彼女はヤマ拓との関係を詳細にメモしていた。話の内容はとても文章には書けない内容だが、記者会見によると、彼女は2度の中絶、さらにヤマ拓は彼女の母親にまで関係を迫ったというのだから、呆れて言葉が見つからない。

ヤマ拓は当然のようにしらばっくれ、そして告訴したが、東京地裁は「真実と信じる相当の理由がある」と告訴を取り上げなかった。これは2003年のことだったが、時の総理大臣・小泉純一郎は、盟友のヤマ拓を庇い自民党副総裁に据えた。しかし、ヤマ拓先生はその年の選挙で落選した。地元福岡の有権者は考えたのだ。

萩生田光一と高市早苗

裏金議員

衆議院選街頭演説を見に行く

2024年10月17日、16時から東京・八王子駅前で萩生田光一候補の街頭演説があると聞いた。おまけで高市早苗氏が応援に来るという。話題の二人だ。いざ参らん。

カメラを持って八王子へ向かった。以前は報道カメラマンとしての立場でプレスカードに腕章を持参していたが、今回は単なる野次馬としてだった。

演説場所は八王子駅北口交番前、演説予定の2時間前に到着した。さすがに早かったが、すでに北口は制服や私服警官で溢れていた。総勢50人はいるだろうか。しかし萩生田氏は今や自民党公認でもなく無所属。本来ならＶＩＰ警護対象ではなく警備は軽いはずだが？

宣伝カーが止まる位置と聴衆との間に約10メートルの隔たりが設けられ、仕切り線には簡単には乗り越えられない金属柵が並べられていた。以前の街頭演説の警備はもっとおおらかだった。が、「安倍晋三元

統一教会と裏金問題のダブルパンチを喰らいながらも当選した萩生田光一氏。水虫魂もここに極まれり

総理銃撃事件」や「岸田前首相のテロ未遂」が大きく影響しているのだろう。さらに2024年の都知事選挙、特に小池百合子都知事の街頭遊説のトラブルが拍車をかけたことは間違いない。

私が布バックからカメラを取り出し動作の確認をしていると、「これはカメラですよね。シャッターを押してみてくれませんか?」と警備の私服警官から声をかけられた。

長いレンズの先から弾でも飛び出すとでも思うのか?

さらにバックの中身を点検し始めた。なかに入っていた財布について「これ財布ですよね。中身を見ていいですか?」と続ける。「これ、お金ですよね?」「何に見えますか?」

私服警官は広角レンズ、スマホ、文庫本を手に取ってパラパラめくる。念のために、といったところだ。そして「身体を触っていいですか?」と言い、足から順番にチェック、探知機を当ててさらにチェック。

そして職質。

「何処から来ました?」

「はい、国立市から」

「いいとこですよね」とお世辞を言われた。

やがて4匹の警察犬を連れたドッグ・ポリスが登場。会場周辺を忙しくクンクン嗅ぎまわる。次第に聴衆が集まり始めた。平日のためか爺様婆様が多い。そのなかのひとりの男性が「萩生田さんは地元の為にどれだけ尽くしたか。説明責任は地元でやっている。裏金裏金というが、あれは報道が流している造語だ。けしからん!」と大声で叫ぶ。きっと萩生田氏の熱烈な支持者なのだろう。

聴衆はざっと数えて200人。運動員がパンフレットを配って回る。もらったパンフレットを見る。「Try！ One for All All for One」という文字が萩生田氏の顔に並んでいる。中身のキャッチコピーを読んだ。「日本を前に！ 確かな経験と実績――さらに前へ」とある。さらに経歴は党政調会長、文部科学大臣、経済産業大臣と党の大物ぶりをアピール。

プロフィールに目を向ける。早稲田実業、明治大学とあるが早稲田実業高校のとき、確か喧嘩して他へ転校したのでは？

高市早苗氏の登場

一方、応援弁士の高市早苗氏。テレ朝の「朝まで生テレビ」という討論番組に出演していたころ、肩書は「元アメリカ合衆国連邦議会立法調査員」という厳めしいものだった。しかし彼女は単なるインターンのコピーガールだったという話だ。テレビに出る人間がよく使うハッタリではあるけれど、少し厚かましい気もする。

演説予定の30分前になった。聴衆が増えた。「萩生田光一、萩生田光一元気元気で選挙戦を戦っております！」の連呼と共に萩生田氏がやってきた。「高市早苗・前経済安全保障大臣が本日やって参ります！」の連呼も重なる。人寄せパンダでもあるまいに。

選挙カーが付けられた。まずは車のルーフに防弾板が演説者の後に置かれ、私服警官が周囲を見渡す。宣伝カーの前に4人の自民党の市議会議員が並び、手を振り紹介される。この際、自分をアピールするのは大事だ。

それから、やれ地元議会のボスだの、市長だの前座の演説が始まる。そしてタスキをかけた萩生田氏が

萩生田氏の街頭演説応援に駆け付けた高市早苗氏

やってくると、一人ひとりに握手低頭してまわった。

選挙カーの右後方で「2728万円の裏金」と大きく書かれた紙を持ってひとりの男性が何やら叫んでいる。その周りを警察官たちが付かず離れずで取り囲む。

前座の演説が終わり、いよいよ本命の萩生田氏がマイクを握った。いかに自分が地元に貢献してきたか、そんなお決まり文句をとうとうと語る。

一呼吸のたびに拍手。どこからか「統一教会!」の一言が聞こえた。相変わらず警察犬がウロウロしている。指揮棒を持った警察のお偉いさんが部下に囁く。裏金問題を訴えていたさきほどの男性の前に萩生田氏の運動員がかけつけ、幟で見えないように囲った。

そしてマイクは高市氏に代わった。高市氏は地元選挙区の奈良ではなく、八王子にやってきたことを、少し恩着せがましく語る。演説では食糧安保や日本をいかにして守るかということも長々と語った。そして石破自民党総裁のことは一言も語らず、いかに萩生田氏と親密であるかを語り、彼を持ち上げた。

演説が終わる。お決まりの手をつないだクライマックス。街頭演説は直接候補者の顔が見られる。だが疲れる。寝転んでビールを飲みながらテレビの票獲得数、速報を見て「やっ! あいつ落ちた」「えっ? あいつが受かった」などと喜怒哀楽を楽しむのが選挙の醍醐味だと私は思っている。

しかし、最近のテレビは、出口調査により、「開票速報」と言いながらいきなり「当選確実」というテロップを流す。これをメディアでは「ゼロ打ち開票」と呼んでいるが、面白くない。やはり、缶ビールでも飲みながら「抜きつ抜かれつ」を楽しむ時間くらいは、ほしいものだ。

水野智之

トレジャーハンター

徳川埋蔵金に賭けた執念、執念また執念。モグラのように掘り進む

徳川埋蔵金に憑りつかれた男

狭い縦穴を10メートルほど梯子で降りると、約10メートルの横穴が真っ直ぐ伸びていた。そこにはスコップで狭い穴の天井をカリカリ削りながら掘り進む男がいた。

水野智之さんだ。群馬県赤城山中で、出るか出ないかわからぬ徳川埋蔵金を、毎日、探し続けている。

「こんなバカがひとり、1億2千万人の中にいるのも浮世の味」と世間はからかうが、智之さんは大真面目だ。

さらに智之さんの祖先も、明治の初めから徳川埋蔵金を毎日掘り続けていたというから驚いた。智之さんはその3代目だ。

その1代目・智義氏が徳川埋蔵金を掘り始めたきっかけは、こうだ。幕末、叔父の中島茂人が勘定吟味役奉行をしていた関係で赤城山に徳川家が300万両の小判を隠したという噂話を聞かされた。智義氏は「掘り当てたらその金を使って世の中のために使おう」と高い理想を抱き、発掘を決意したのだ。

彼は古地図を調べ上げると同時に、村人の噂話を聞きまわった。そのなかで最もリアリティがあったのは、時の幕府勘定奉行・小栗上野介が、手下を使って金塊を利根川を遡って運び、赤城山山中に埋めたというものだった。これは大義兵法秘団書という伝え書きに書かれていたという。

智義氏は掘りに掘った。すると明治23年に家康像を発見。さらに埋蔵金の在りかを指し示すとされる銅板、燈明皿を手に入れた。こうして微かな希望は確信へと変わっていく。

「これは出る」

後を引き継いだ2代目義治氏も昭和50年まで「穴掘り」に邁進した。その間の昭和7年に巨大な石灰の亀を発見したことにより、これはいよいよと思ったが、「黄金」発見には至らない。これが黄金伝説に憑りつかれた水野家の経緯だ。

2代目義治氏の死後、3代目として後を継いだのが智之さんだった。週刊誌からの依頼は、「赤城山山中で400万両、時価にして2兆円の徳川埋蔵金を掘り続けている男がいる。それを写真に収めてほしい」とのことだった。群馬県渋川市赤城町に住む智之さんに連絡すると、「どうぞおいでください」と二つ返事だった。

住所を頼りに家を探し回るもなかなか見つからなかったが、木に囲まれた民家を訪ねたとき「水野」の表札があった。声を掛けたが返事はない。ふと見ると家の敷地に土が掻い出されたような跡があり、よく見ると直径3メートルの穴が空き、下に梯子が伸びている。「水野さーん!」と大声で呼ぶと、しばらくして頭に土をかぶった水野さんが梯子を上ってきた。

彼の案内で掘削現場へと降りた。智之さんはスコップを持ち、穴のどんずまりへ進み、天井を軽く削った。穴は少しジメジメしており、ゲジゲジもいそうだ。ストロボの閃光の中に智之さんの鬼気迫る顔が浮かび上がった。

聞けばこの作業を毎日6時間くらい続けているという。穴掘りはとても危険で、落盤事故がないように慎重に進めなければならない。智之さんは毎日、作業する前に「よっしゃ!」と掛け声をかけ、1メートル掘れば掘るほど埋蔵金に近づく、と自らに言い聞かせて作業に入るそうだ。

彼を一躍有名にしたのがテレビだ。1990年6月、テレビ局はプロジェクトチームを組んで水野家へ乗り込んだ。そしてブルトーザーやユンボを使い大々的な掘削作業を放映した。挙句にはおどろおどろしいナレーションを交えながら今にも出てきそうな雰囲気を煽った。だが、これはテレビ局の娯楽番組だ。出てこないのは百も承知で番組は構成されていたらしい。

この一件を境に智之さんの信念は揺らいでいった。あの毎日コツコツ掘り続ける智之さんの人生のペースは、テレビ局の演出で完全に狂わされてしまったのである。

お宝伝説は日本中にある。豊臣秀吉の隠し金、終戦時のドサクサに紛れて軍部が持ち出した金の延べ棒やM資金、陸軍大将山下奉文がフィリピンに残したらしい山下財宝、笹川良一が騙された沈没船ロシア軍艦ナヒモフ号のプラチナなど、山師たちの神経をくすぐる話は多い。イワシの頭も信心から、当たるも八卦、当たらぬも八卦の世界である。

智之さんはその後もコツコツと掘り続けたという。そして2011年7月に亡くなった。誰からも笑われ狂人扱いされる、馬鹿にされるであろうことを覚悟の信念で狂気を貫いた男。日本のドン・キホーテが残した見果てぬ夢はいまや伝説となっている。

キャンディ・キャンディのおじさん

女装愛好家

コスプレの元祖を自負

高速道路。車を成田空港方面へ走らせていたら、いました。あのキャンディおじさんが。おじさんは、なんとあの、いつものキャンディ・キャンディのスタイルのままオートバイに跨っていた。ヘルメットを被り、背中にランドセルを背負い、赤いスカートのフリフリを風にひらひらさせている。噂によるとおじさんはかなりの軍事オタクであり、その知識も豊富だ。なかでもオートバイにはこだわりがあり、乗っているのはイギリス製の軍用バイクだという。

このおじさんは原宿あたりではちょっとした有名人だ。メルヘンおじさんとも呼ばれている。

世間が笑おうと我関せず

カメラへいつも笑顔でポーズをとる。サービス満点おじさん

穏やかな性格で、サービス精神いっぱい。カメラを向けるとポーズを決めてくれる。満開の桜の木に登り、夜桜見物客を見下ろしている姿は、とてもシュールだった。

彼は1952年東京下町生まれ。高卒後、印刷所へ就職。のちに独立し写植や版下制作を請け負っている。これがビジネスの顔。もう一方の顔は女装愛好家。コスプレの元祖を自負している。

「27年前に女装に目覚め、漫画の『キャンディ♡キャンディ』で見たキャラクターがかわいくて、それ以来このスタイルを続けています」と彼は言った。子供のときから姉の下着やスカートに興味があり、姉に内緒でこっそり穿いたり着たりしていたという。赤いフリフリのスカート、トンボ眼鏡、ウエーブのかかったカツラ、少し雑な厚化粧。一目で女装とわかる男臭さも何とも愛嬌。

地方から遊びにきた女子高校生は、彼を見るなり一瞬ぎょっとしたが、すぐにフーンと小首をかしげ、そして「いやだー!」とクスクス笑い出した。メルヘンおじさんにとってこの反応に悪い気はしない。

いまの原宿の流行は知らないが、1980年頃には毎週末、ラジカセを路上に置いてグループで踊る竹の子族、リーゼントで決めたロックンロール族など色々なグループが住み分けていた。その頃から原宿は若者文化の発信場所として全国的に知られるようになった。原宿駅前の近くの竹下通りや表参道へ続く通りを若者たちが独自のスタイルでそぞろ歩きをする。ナチス親衛隊「ゲシュタポ」を真似た女の子、おしゃぶり乳首をくわえたカップル、田吾作ルック、ド派手なスタイルでそれぞれが自己主張する若者たちだった。

とりわけ異彩を放っていたのがこの〝メルヘンおじさん〟だ。ミリタリーマニア、コスプレ文化の草分けでもあり、女装愛好家向けの雑誌『ひまわり』の編集長でもあった。聞くところによると、編集は彼ひとりでやっていたらしい。が、２００５年に廃刊した。

また同性愛のパレードに出ていたとも目撃されているが、彼が同性愛者だと聞いたことはない。

彼は最近みかけなくなった。噂によれば難病を抱えて闘病生活をしているという。事実であればせつに快方を願うばかりだ。

ジプシー

鳥獣戯画

人間の傲慢か、人間と動物の愛情物語か

幼いころから動物園や水族館が大好きだった。当時はパンダもコアラもいなかったが、それでもライオンに驚いたり、キリンに餌を与えてそのザラザラした舌にびっくりしたことなどを、思い出す。とくにサル山は一日中見ていても飽きないほど大好きな場所だった。そんな動物園・水族館好きは大人になってからも変わらず、面白いイベントがあると聞けば、取材かたがた飛んで行った。

多摩動物公園にいたオランウータンのジプシーは、芸達者で人気者だった。ジプシーは絵を描いた。クロッキー帳にクレヨンで一本の線を引き、しばし天を仰いで黙考し、また描いていく。その様子に観客たちが声を上げて拍手喝采する。大人も子供も自然と笑顔がこぼれていた。また、ジプシーは洗濯もしたらいと洗濯板で上手にTシャツを洗って見せた。

横浜・八景島シーパラダイスにも芸達者が揃っていた。セイウチが重い体を揺すり、観客の前に登場し

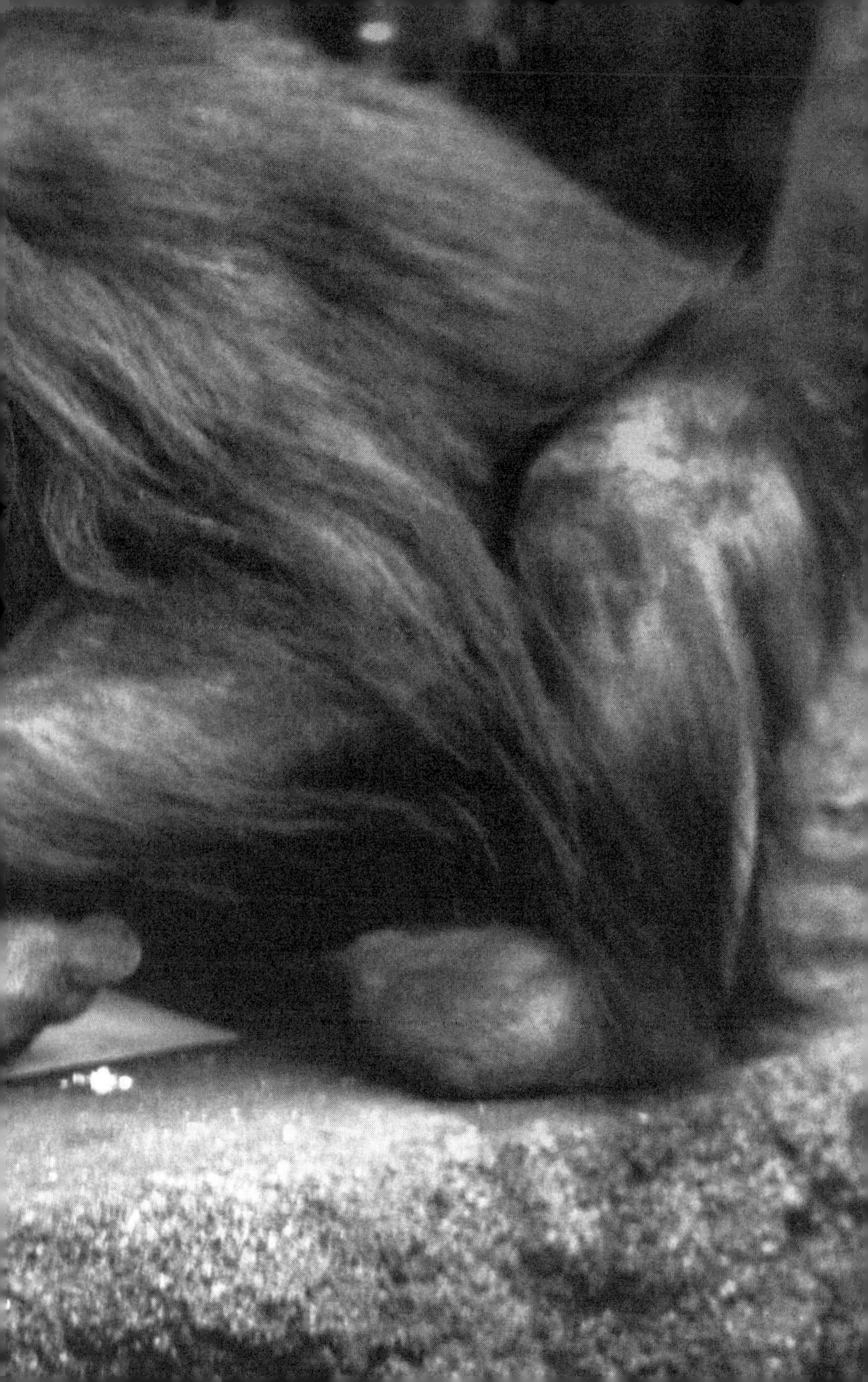

お絵かきオラウータン、ジプシー画伯

まっ、世の中こんなもんよ

てアルプスホルンを「プファー」と吹き鳴らし、後ろでシロイルカたちが踊る。名付けて〝マリーンアニマルバンド〟。また、クリスマスには二頭のシロイルカが頭にサンタの帽子を被って踊った。

新年には書き初めの披露もあった。アシカの仲間のオタリアが喉をゴロゴロ鳴らしながら丸椅子に乗り、太い筆を口にくわえてゆっくりと卯年の卯の字を書き上げた。ひと書きしては「これでいい？」と念を押すように飼育員の方を向く姿が愛らしい。そして、書き上げると「どうだ」と言うように野太い声を一声あげた。飼育員の女性は「もともと野生だったこの子をここまで訓練するのは忍耐と根気の連続でした。大勢の観客に慣れるのにも時間がかかりましたが、今は人気者です」と、育てた我が子に目を細めた。

人間と動物は古来より共存している。というか、日本昔話に登場する動物たちは人間の仲間だ。桃太郎、金太郎、かちかち山、猿蟹合戦——どの話でも動物が生き生きと活躍する。

また、昔話には人間の姿に変身する動物も多く登場し、私たちは変身した動物による恩返し物語にも心を温めてきた。さらに、平安時代に描かれた〝鳥獣戯画〟に登場する動物たちのなんともユーモラスな姿。日本人は動物を擬人化することで動物との仲間意識を育んできたのだ。

さて、昨今は動物福祉（アニマルウエルフェア）の観点から、動物のショーを見直す動きが海外で広がりつつある。確かに、動物のショーは動物の自発的行為ではないと言われれば、その通りだが、それを人間の傲慢と考えるか、人間と動物の愛情物語と考えるかで見方も変わってくるだろう。

飼育員と動物の愛情の絆を取材した者としては、そんな思いを抱いている。

塩見孝也と重信房子

赤軍派

革命バカ一代

1960年代後半から70年代前半にかけて、ベトナム戦争は泥沼化し、世界中で反戦運動の嵐が吹き荒れていた。日本社会にもカリフォルニアから、ベトナム反戦という時代の熱い風が吹いていた。1968年、東大・日大から火の手があがった学園紛争は、たちまち全国の大学へと波及した。学生たちは全共闘を結成し、ヘルメットと角材で武装し、大学建物をバリケード封鎖し、無期限ストライキに入った。学生たちは、機動隊に向けて、アメリカ帝国主義粉砕を叫びながら火炎瓶を投げつけた。

世間は言った。

「お前らは、アメリカ帝国主義粉砕と言いながらコカ・コーラを飲んでいるではないか！　親の仕送りで生きているくせに」

そうこうするうちに1969年、東大・日大闘争は国家権力による介入で敗北した。その無力感から、

府中刑務所を出る元赤軍派議長・塩見孝也氏

レバノンから密かに帰国し、潜伏していた高槻市で公安に逮捕された重信房子氏。私の問いかけに両手親指でＶサインを送ってきた

より過激な路線を求める勢力が現れた。赤軍派だ。

赤軍派は、いままでの運動の限界を見直し、銃や爆弾を使った革命戦争を訴えた。そのトップが日本のレーニンと呼ばれた京大の塩見孝也氏だった。

公安警察は赤軍派を徹底的にマークした。そして1969年、大菩薩峠山中で首相官邸襲撃を計画し武装訓練中の赤軍派約50名を一網打尽にした。

これにより国内活動に見切りをつけ新たな根拠地を海外に求めた赤軍派は1970年3月、日本航空・羽田発福岡行き「よど号」を、日本刀や手製爆弾でハイジャックし、北朝鮮に着陸させた。実行犯は北朝鮮へ逃亡したが、塩見氏はその共謀正犯の容疑で逮捕された。

それ以後赤軍派は、北朝鮮グループ、パレスチナ解放闘争に参加するためベイルートへ向かった日本赤軍、そして連合赤軍の3つに分かれた。日本赤軍のリーダーは重信房子で、パレスチナ解放民族戦線と共闘の証としてイスラエル・ロッド空港で奥平剛士、安田安之、岡本公三の3人が、自動小銃を乱射し手榴弾を投げ、24人を殺害した。奥平と安田はその場で自爆、岡本は逮捕された。その後も日本赤軍は、PFLP（パレスチナ解放人民戦線）と共闘して様々なハイジャック事件を起こし、また外国大使館を占拠した。一方、国内居残り組の連合赤軍は、「あさま山荘」立て籠り事件や仲間に対する大量リンチ殺人事件を起こし、多数の逮捕者を出して消滅した。

この間、拘置所にいた塩見氏はその後の1980年に懲役18年の刑が確定し、刑務所送られた。そして1989年、刑期を終え東京府中刑務所を出所した。

塩見氏は看守らに付き添われて刑務所を出てきた。いつも刑務所の前にはヤクザの親分の出所を出迎える組員の姿があるのだが、その日は大勢のマスコミ関係者が詰めかけていた。出てきた塩見氏は出迎えた支援者らの車に乗り近くのファミレスへ直行した。彼は刑務所の垢を落とすように甘いホットケーキを食べたと聞いた。

私が塩見氏とはじめて言葉を交わしたのは、北朝鮮から密かに帰国し逮捕された柴田泰弘氏が新潟で出所したときに塩見氏が出迎えた1994年のことだった。彼は意外と気さくな人間で、豪放磊落。よく喋る明るい性格だった。うるさく付きまとうカメラマンの私に対して、「東京から取材に来てくれてご苦労さん。二日酔いみたいな顔だね」と笑った。

その後の塩見氏は新右翼一水会の鈴木邦男氏らと交流を重ね、過激派文化人として講演活動に忙しくした。

また、彼は、東京都・清瀬市のシルバー人材センターの紹介で、ショッピングセンター駐車場の管理員として生まれて初めて娑婆で「労働に対する対価時給980円」を受け通った。そしてそれがよほど嬉しかったのか、その顛末を『革命バカ一代駐車場日記』と題して出版した。

2017年11月、塩見氏は心不全で死去した。彼は死ぬまで「世界同時革命」を唱えていたという。まさに「革命バカ一代」。それは革命家のあっさりした最期であった。

元日本赤軍トップリーダー

正直驚いた。マスメディアがこんなに興味を持つとは思ってもみなかったのだ。外国通信社まで来ている。日本赤軍の重信房子氏（当時76歳）出所のことだ。

2022年5月、元日本赤軍トップリーダー・重信房子氏は、東京昭島市にある医療刑務所「東日本成人矯正医療センター」を出所した。20年の刑期を終えてのことだった。

学生運動に没頭していた当時の重信氏を知る身として、彼女の出所の瞬間はぜひカメラに捉えたいと思った。センター前に着いたのは午前5時45分。「ちょっと早過ぎたかな？」と思いもしたが、すでに5〜6社のカメラマンたちが門の前でたむろしていた。

それだけでも驚きだが、その後、取材の人間はどんどん増えた。ざっと見ても150人くらいはいただろうか。その関心の高さに、改めて重信房子という人の存在感を知ったような気がした。

センター側から指定された撮影位置は、建物から約30メートル離れた、フェンス越しの空き地だった。そこに、ずらりと脚立が並べられ、カメラマン一同は重信氏が出てくるのを待った。その間にも、次々と新聞、週刊誌、テレビのカメラマン、記者が到着し、次第に現場は混乱した。みな、少しでも良い撮影位置を確保しようと必死だったからだ。

「なんだよ。これじゃぁ撮れねえじゃねえか」

あるカメラマンがぶつぶつと文句を言った。

刑務官は「金網には絶対に手を触れないでください！」と声を張り上げる。

7時過ぎ、彼女の一人娘・重信メイさんらが出迎えに現れた。周りには20人ほどの支援者たちの姿もある。

支援者たちが〝We love Fusako〟という大きな横断幕を掲げた。代表の山中幸男・救援連絡センター事務局長が「マスコミの皆さん、重信さんは車で出ますが、いったん止まって車から降りて姿を見せますから！」と声を嗄らすが、カメラマンたちは一切聞いていなかった。混乱は続く——。

「前に立ちはだかると撮れないので、少し下がって！」と互いの肩が触れ合うような混乱のなかで叫ぶ者がいる。すると、支援者の一人が、素っ頓狂なことを言った。

「ここは日本赤軍が仕切るから！」

そんなつばぜり合いがしばらく続いたあと、いよいよ重信氏を乗せた車が出てくると、かろうじて保たれていた現場の均衡は総崩れとなった。

「前に立つな！　そこどいて！」

「なにやってんだ！　いい加減にしろよ！」

怒号が飛び交う。カメラマンたちは、あれほど刑務官から「手を触れるな」と言われていたフェンスを次々と乗り越え彼女へと殺到した。いったん秩序が崩れると私を含めてカメラマンはたいへんお行儀が悪い。

「キャー！　止めてください。お願いですから、そこ、どいて！」

とメイさんが叫んだ。以上が混乱のファースト・ウェーブだった。

セカンドウエーブは近くの公園に設定された「記者会見場」で起こった。重信氏を乗せた車が到着するやいなや混乱が始まったのだ。罵声、悲鳴、懇願――カメラマンたちは瞬時も見逃すまいと被写体に喰らい付く。警察官たちがそれを押しとどめようとする。するとどこからか汚い言葉が飛んできた。

「テメーたちが押してんじゃねえか！」

ビックリマークの付く言葉がそこらじゅうから上がった。

以上が元日本赤軍のトップリーダーが20年ぶりに味わった〝娑婆の空気〟だった。

間違いだと表明した「武装闘争路線」

私が重信房子を初めて目にしたのは、1970年の5月だったと記憶している。場所は明治大学和泉校舎だった。

その日、和泉校舎キャンパスでは学生集会が開かれていた。そのころ、明治大学は私が属していた〝反帝学評全学連（青ヘル）〟の拠点校の一つだった。そこで赤ヘルメットの赤軍派が集会をやっているという情報を聞き、様子を見に行ったといういきさつだ。

労働者のことを顧みず、「革命には軍事が必要」などと主張する彼らは、ほとんどのセクトから〝跳ね上がりのプチブル分子〟と敵対視されていた。そこで我々のセクトは赤軍派を和泉校舎から叩きだすため、東大駒場キャンパスに500人ほどの学生を待機させていた。私ともう一人の仲間は、明大の学生のふりをして赤軍派の集会に偵察に出かけたのだ。

会には、赤ヘルメットを被った学生が100人くらい集まっていた。そのリーダーの一人に重信房子がいた。流れるようなロングヘアー。その姿は、いまの言葉で言うところのクールビューティで、ひときわ目立っていた。「重信と6時間討論すれば、完全にオルグされてアカグン（赤軍）に入るぜ」と彼女を見ながら私の仲間は言った。

その日は結局、和泉校舎の前に機動隊が出張ってきたため、我々の襲撃計画は未遂に終わった。

その後、彼女はレバノンに渡り日本赤軍を結成した。イスラエルのロッド空港で3人の日本赤軍コマンドによる自動小銃や手榴弾を使った乱射事件が起こったのはその直後だが、そのストーリーを描いたのは重信房子とパレスチナゲリラのＰＦＬＰ（パレスチナ解放戦線）だった。

この事件で日本赤軍派は、超過激派組織として世界中に知れ渡ることになる。前述の通り日本赤軍は、その後も世界各地でハイジャックや外国大使館占拠事件を起こした。その指示も全てレバノンのベカー高原にいる重信から発せられたという。

呼びかけに応じてガッツポーズ

それから30年、パレスチナを巡る情勢も次第に変化した。重信も密かに日本に帰国していた。彼女が2000年11月に潜伏先の大阪で逮捕されたとき、やはりメディアは大騒ぎだった。ホームを走り回るカメラマンや記者、数えきれないぐらいの公安刑事や制服警官たち――東京駅のホームや連絡通路は、大阪から東京へ新幹線で護送された重信を待ち受ける人々たちでハチの巣を突っついたような騒ぎだった。

やがて、両手に手錠を掛けられ、腰縄を打たれた重信が、女性刑事に挟まれて現れた。彼女が私の前を通過するとき、私は思わずこう声を掛けていた。「重信さーん！」

無意識に「さん付け」で呼んでいた。すると彼女は、こちらに目を向け、ガッツポーズを寄こした。

あれからさらに21年以上が過ぎた出所の日、3度目に遭遇した重信さんはガンを患っていた。私たちの前で彼女は静かに謝罪と感謝の言葉を述べた。配られた彼女の手書きのプレスリリースにも、かつての自分の在り方への反省や謝罪とともに、命を繋いで出所できたことへの感謝が綴られていた。また、文の中で彼女は、かつての「武装闘争路線」は間違っていたとはっきり表明していた。

それでも世の中の目は概して冷たい。「税金泥棒」「テロリスト」――非難ごうごうだった。当たり前といえば当たり前だ。テロリストをカリスマにしてはいけない。ただ、そこに、なんとなく座り心地の悪さを感じてしまうのも、私の正直な感想だ。決して賛美するつもりはないが、ふと、かつての武装闘争で若い命を散らした者たちのことを想うときがある。あの闘争が何だったのか、答は見つからない。


いったい日本赤軍とは何だったのだろうか。そういう言葉を聞くことは多い。

時代が作り出した鬼っ子だ。あだ花だ。だが半世紀前の若者たちの想いをそのひと言で「兵どもが夢の跡」とばかりに忘却の彼方へ押し流しても、いいのだろうか。

あの時代の闘争を「跳ね上がりの左翼小児病」という一言で片付けようとする現代にも、また別の病が巣くっているように感じるのだ。

「他人に迷惑をかけるな」と、世間は言う。確かにそれは、そうだけど……。

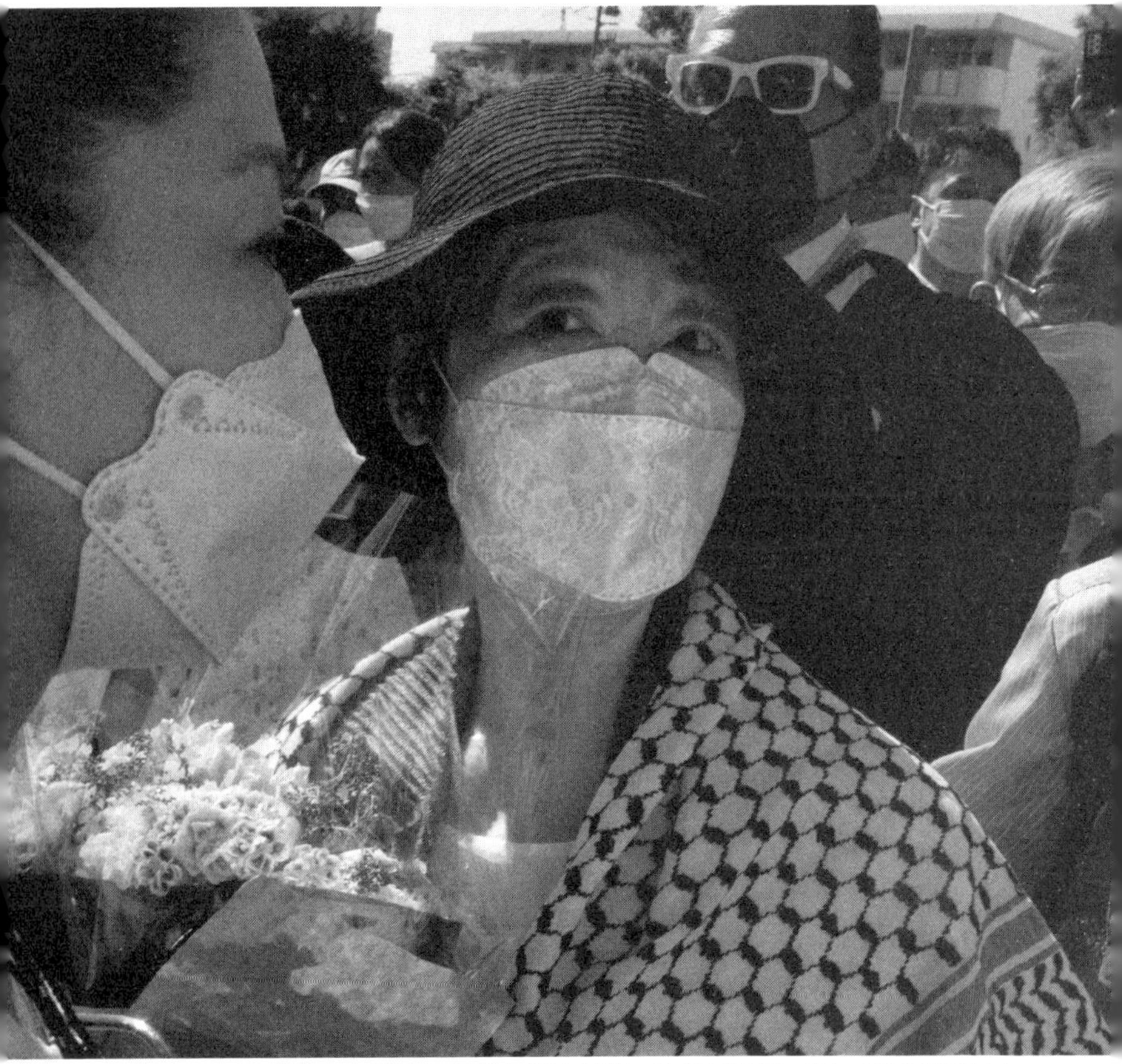

2022年、懲役20年を満了して出所する日本赤軍リーダー重信房子氏。向かって左は娘重信メイ

赤尾敏と野村秋介

伝説の右翼

総理大臣を夢見た民族主義右翼

赤尾敏という人物がいた。大日本愛国党の総裁。そして強烈なアジテーター。

彼は91歳の命を使い果たすまで、来る日も来る日も銀座「数寄屋橋」の角で、日の丸を振り振り街宣車の上から叫び続けた。訴えるのは「反共・愛国」。まず直立不動で君が代を唄い、教育勅語を長々と流す。演説では徹底的に共産主義国を罵倒する。

「ソ連のスターリンは何千万人もの人を殺した殺人鬼ですよ。満州にいた日本軍兵士たちも終戦と同時に恐ろしく寒いシベリアへ連れて行かれ、何万という皇軍兵士たちが寒さと飢えで死んだ。今の〝ソ連〟を見なさい。食い物と言えば酢キャベツとニシンの酢漬、それに黒パンだけですよ。えー」

と口から泡を飛ばす。日焼けした顔で大きなギョロ眼を剥き、髪を振り乱しながら野太い声を放つ赤尾の姿は、昭和の西銀座の名物でもあった。

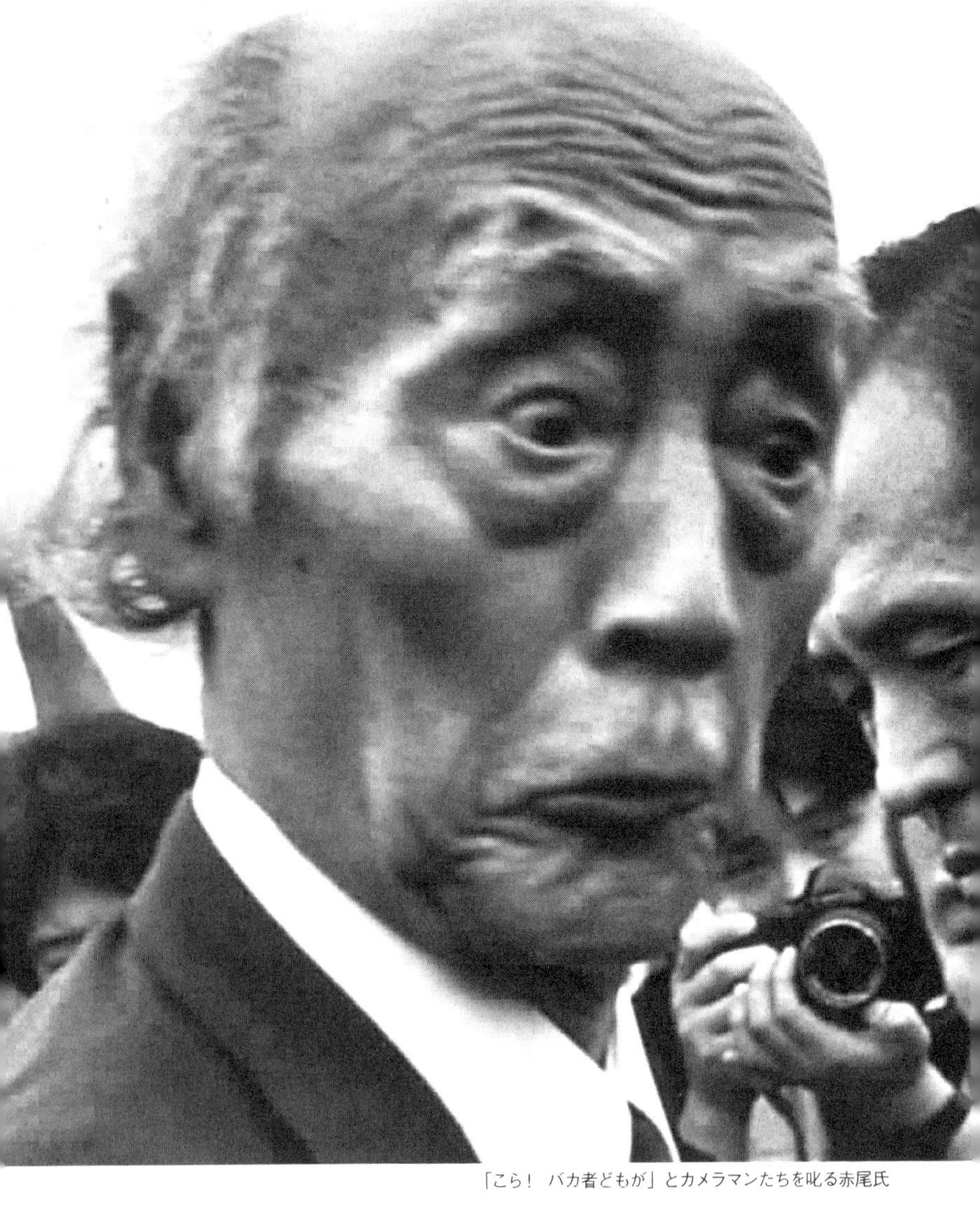

「こら！　バカ者どもが」とカメラマンたちを叱る赤尾氏

「今日もやってるな……」

暑苦しい真夏の炎天下、銀座を歩く人たちの鼓膜を打ち叩く赤尾の声は、街路樹に張り付き鳴き暮らすセミたちの合唱と妙に調和していた。

赤尾敏は1899年、愛知県名古屋市に生まれた。子供の頃から総理大臣になることを夢想していたというから、器は相当大きい。

その人生は波乱万丈だった。青年時代は社会主義に傾倒し、武者小路実篤たちによる〝新しき村運動〟に感銘を受け、孤児を集めて三宅島で牧場を経営する。が、騙されて挫折。その後、郷里に戻って社会主義運動を続け、天皇批判の演説をぶって逮捕される。

そして獄中であっさり転向するのだが、理由は彼が逮捕された時の左翼の仲間の不人情な態度に怒り幻滅したからだという。以後、赤尾は「天皇制社会主義」を唱える民族主義右翼として活動する。

加えて戦時中には大政翼賛会のメンバーとして国会議員にも選出される。しかし、とにかく反骨が体の2、3歩前を歩くような彼の性格は、議会でも数々の揉めごとを起こす。

議会で東條英機首相をも罵倒し、演説妨害で懲罰をくらったこともある。対米戦争には反対で、右翼ではあるが反体制派として自己の主張を貫いたのだ。戦後、自らの信念に基づいて「大日本愛国党」を創立、初代総裁となり、以後40年近く衆議院選挙、参議院選挙、東京都知事選挙と、亡くなる前年まで選挙にはすべて出馬し、すべて落選。東京都民には馴染み深い政見放送の顔でもあった。

国会の前で寝そべる野村秋介氏。衛視の目線もどこ吹く風

一方、「大日本愛国党」は政治テロでも恐れられた。

1960年の浅沼稲次郎日本社会党委員長刺殺事件、1975年の佐藤栄作元首相葬儀での、時の総理大臣三木武夫の顔面殴打事件は、「大日本愛国党」の党員による犯行だった。

昭和天皇崩御の日、皇居前広場にもうすぐ90歳という赤尾の姿があった。彼は、取り囲むカメラマンたちを蹴散らすようにステッキを振り上げた。そして、その涙の滲む大きなギョロ眼を見開いて一喝した。

「バカ者どもめが！」

野村秋介

もう一人、鮮明に記憶に残る右翼の大物がいる。野村秋介。彼の生涯も凄まじい——。

1935年東京生まれの野村は、横浜育ち。高校を中退して愚連隊に入り、網走刑務所で服役中に民族主義に目覚めたという。

出所後、「憂国道志会」を結成。日本の新右翼として活動を始めるのだが、その内容と逮捕歴が半端なく凄まじい。

1963年、河野太郎の祖父にあたる河野一郎邸焼き討ち事件で懲役12年の実刑判決。1977年、元盾の会（三島由紀夫が作った右翼組織）のメンバーら3人と共に経団連襲撃事件を起こし、懲役6年の実刑判決。つまり20年のうち、実に18年を刑務所で過ごしていることになる。

私がはじめて野村に会ったのは、彼が6年の刑期を終えた〝出所祝い〟の取材であった。

「やはり娑婆はいい。6年ぶりのビールか……。命が胃袋から湧いてくる」

彼は唇を濡らしながら美味そうにビールを喉に流し込んでいた。

経団連襲撃事件とは、三島由紀夫を崇拝していた野村らが、「戦後体制の欺瞞、腐敗に鉄槌を下すため」と、土光経団連会長をターゲットに経団連会館に乗り込み、職員を人質にとって会長室に籠城した事件のことだ。取材の席で野村は、理路整然と自論を語った。話をしていて相手の言葉に引き込まれるということがあるが、野村の語りはまさにそれだった。「日本の良き伝統と文化を守る」と彼は熱弁した。

「彼は単なるヤクザ者」と言い切る人もいたが、彼は気にも止めていない様子だった。


それから3年後、取材でフィリピンへ向かう機上で偶然、再会した。彼はフィリピンのホロ島でモロ民族解放戦線に誘拐されたカメラマン・石川重弘氏の救出交渉に向かっていた。

彼は相変わらず精力的だった。

「石川さんが無名のカメラマンだとしても、政府の知らん顔は許せん。政府が助けられないのなら俺らが助けるまでさ。もうだいたいの交渉は煮詰まっているんだ。もうすぐ出すよ」

と、彼は濡れた唇でニヤリと笑った。

しかし救出された石川氏の会見には右翼のドンである笹川良一氏が出席し、野村はあくまでも黒子に徹した。身代金は笹川が払ったと野村から聞いた。彼らしいやり方だった。以後、野村は「ヤルタ・ポツダム体制打倒」「日米安保条約破棄」を訴え、反権力の右翼として活動したが、その批判の対象は政界、財界、そしてマスコミと、手当たり次第だった。

数年後、再び野村を取材した。待ち合わせの皇居近くのホテルでオレンジジュースを啜りながら、彼は「なぜ右翼なのか？」というこちらの問いに明瞭に答えた。彼はホテルのロビーに飾られた花を指差した。
「ほら見ての通り、花には色んな色がある。赤、白、黄色、紫——なかには言葉で表現できないほど鮮やかな色もある。思想とはそういうもんだよ。百の花が繚乱するように、人間の考え方も十人十色だろ。共産主義は花の色をすべて一つの色にしてしまう。右翼でも左翼でも言いたいことが言える世の中でなきゃ。面従のロバにも言いたいことは山ほどあるんだぜ」

彼は元来あるべき世の中の姿を、吉田松陰の逸話に例え、憂国の弁をとうとうと話った。だが、話したくないこともあるらしい。昔の河野邸焼き討ち事件の真意を聞いてみたが、
「まー、過去の終わった事さ」と一言つぶやくだけだった。

インタビューが終わり写真撮影になった。「国会議事堂の前で寝転ぶのは？」と提案すると、彼はまるでいたずら小僧が悪さをしでかすかのように目をキラッとさせて、顔をほころばせて言った。
「いいね！」

衝撃的なニュースが飛び込んできたのは、１９９３年10月20日。野村が朝日新聞東京本社の役員室で拳

銃自殺を遂げたという。野村は前年の参議院選挙で「たたかう国民連合・風の会」という政治団体を立ち上げ、立候補した。他に「風の会」に名を連ねていたのは横山やすし、内田裕也など。どれもくせ者揃いだった。結果は見事惨敗だったが、選挙についてイラストレーターの山藤章二が、「週刊朝日」誌上で「風の会」を「虱の会」と揶揄したことが野村の拳銃自殺のきっかけだった。野村はイラスト記事を公職選挙法違反として告訴したが認められず、この日、経営陣からの謝罪を求めて朝日新聞東京本社を訪れたのだ。話し合いのあと、彼は両手に拳銃を握り、〝皇尊弥栄〟と皇居に向かって三唱し、自らの胸に向けて二丁拳銃の引き金を引いたという。

あえて朝日新聞の役員の前で死を選んだのは、行動右翼としての自身に行き詰まって、〝朝日新聞〟との刺し違いを選んだのという説もある。自己顕示欲からの行動と捉えた人もいる。結局その心中は誰にもわからない。享年58。早い死ではあった。

赤尾も野村も、決して最後まで社会を動かす動輪には伝わらない、車の空ぶかしのような生涯だったといえるかもしれない。しかし、彼らは自分の顔と名前を表に出し、世の中に訴え続けた。

「言論の自由」というのならば、少なくとも彼らのように堂々と顔と名前を表に出して発信したいものだ。

森垣秀介

民族の意志同盟

ナチス式ポーズをとる民族の意志同盟員たち

ナチス式敬礼で腕を突き上げる

待ち合わせ場所の東京都市ヶ谷の土手で待っていると、派手な行進曲を鳴らしながら街宣車がやって来た。

勇ましい行進曲はナチス・ドイツが行進に使ったバーデンヴァイラーだ。街宣車は土手横の道路に止まり、勇ましい連中がおりてきた。旗には「民族の意志同盟」とある。彼らの街宣ユニフォームは黒の上下のニッカポッカに左腕に巻かれた腕章、そして肩から腰へと斜めに巻かれた皮ベルト――色こそ違うが、ナチスの「SS親衛隊」を模倣したスタイルだ。

「ハイル！　ヒトラー」こそ言わないが、右手を突き上げナチス式敬礼で腕を突き上げる。そして直立不動、目は真っ直ぐ一点集中。

総勢8名と、数こそ少ないが少数精鋭。気合が入っている。このピリピリした統制こそがウルトラ右翼の真骨頂でもある。

「今日は取材に来ていただいてありがとうございます」

森垣氏は両足を揃え礼儀正しく挨拶した。さらに別の隊員が説明した。「すでに一発飯田橋で演説してきたんです。これから新宿でもう一発かましてから靖国神社に参拝して、狸穴の〝ロスケ〟（ロシア）大使館へ抗議に行きます」。

傍で4人の公安警察がにやにやしながらしきりとメモを取っていた。「いつも彼らを監視しているんですか?」と聞くと「まあ、仕事ですから」と答える。ではいったい民族の意志同盟とはどんな組織でどんなスローガンを掲げているのか?

彼らのホームページを開くと、まず目に飛び込んでくるのが超国家主義という言葉だ。超国家主義とは政治学者・丸山眞男氏の造語で、自国の発展第一主義、すなわちファッシズム=全体主義ということだ。例にとればナチスドイツ、イタリアのムッソリーニ政権、戦前の日本の天皇の統制下にあった全体主義もそうだ。全体主義では言論統制や結社、結党の抑制が行われた。監視対象は日本共産党や無政府主義者たち。

森垣氏は言った。

「戦後のデモクラシーの粉砕、議会制民主主義否定、白人帝国主義打倒、キリスト教に毒された西洋社会の打倒!」

勇ましい言葉の連続だが、何がなんやらで私の頭は混乱した。

ただ、わかることがある。この勇ましいスローガンとネオナチ式スタイルで社会から浮き、市民社会から疎外されてはいるが、麻縄のような神経をもった彼らの心の中には疎外されているという思いはまったくないのだ。

彼らに言わせると「そんな俗世界のことからは超越している。真の敵は自分の心の中にある」となる。一点の曇りもなく澄みわたる精神。それを24時間、365日キープするのが運動、己との闘いなのだという。

彼、森垣氏は1957年生まれ。1980年に早稲田大学に入学。卒論は「来るべき社会~民族社会主義」。民族社会主義をナチスドイツ風に言えば国家社会主義だ。

森垣氏は続ける。

「私が入った早稲田は当時、極左革マル派が全学自治会を支配していた。そして敵対する学生にリンチを加え、何人かの学生が殺されていたんです。それはおかしいという事で本を読みまくり、納得したのが民族社会主義、ナショナリズムだったんです」

在学中に右翼学生組織日本学生同盟に入会。だが日本学生同盟の考えでは飽き足らず、より右へ右へと流れていった先が「民族の意志同盟」だった。


市ヶ谷駅前で街頭演説をぶったあと、ナチス行進曲を鳴らしながら新宿駅東口へ向かった。確かに演説は上手い。人の心にチクチクと刺さる凄みもある。愛国党の赤尾敏とは違った彼ら独特の精神性重視の演説は既成右翼の枠を乗り越えている。

ふと横をみると演説に熱心に耳を傾ける少年がいた。

「僕は森垣さんの演説が聞きたくて八王子から来ました。森垣さんの演説を聞くと、なるほど、と思うんです」

後日聞いたところによるとこの少年は高校生になった時点で「民族の意志同盟」に入会していた。

亡くなった新右翼一水会の鈴木邦夫氏は、晩年、新左翼の赤軍派元議長・塩見孝也氏などと討論会を開催し、社会とは何なのかなどを討論しあった。だが森垣氏にはお声はかからなかった。単なる街宣右翼で

「単純右翼」だと思想文化人から思われてしまっているのだろう。

それでも画一社会の殻を破ろうと文化人とは一線を画した孤立無援の生き方をつらぬく。

それにしても彼らの信条にシンパシーを感じている自分には驚いた。

宮本顕治 徳田球一 伊藤律 不破哲三

日本のクレムリン「共産党」

宮本顕治

1985年3月、多摩川の土手を散歩する元日本共産党委員長・宮本顕治氏（当時76歳）の目の前に立ち、カメラを向けた。

「宮顕さん！　お元気そうですね」

と声かけると、「うん！」とひとこと答えた。

私はさらに宮本氏に近づき、シャッターを切った。暗室の中で印画紙に浮かび上がった宮本氏の姿は、モスクワの赤の広場に勢揃いしたソビエト共産党の政治局員と重なった。厚い純毛のコートに帽子。まさ

日本共産党議長・宮本賢治はまだまだ元気。多摩川の土手を飛ぶようにお散歩

にクレムリンスタイルだった。

宮本氏は1908年、山口に生まれた。東大の学生時代、芥川龍之介の死について『敗北の文学』という論文を発表したことで注目される。宮本青年は、芥川の文学について、「〝おぼっちゃま〟の苦悩的でナルシズム的な自己」と言い放ったという。

その後宮本氏はプロレタリア文学運動を経て、日本共産党に入党した。そして戦前の治安維持法で逮捕され、北海道の獄中に繋がれた。

戦後GHQによって釈放された宮本氏は共産主義運動にまっしぐらに突き進む。1958年には日本共産党の書記長になった。以後、1997年に議長を引退するまで日本共産党を牽引した立役者であった。

徳田球一

戦後共産党を語るうえで、忘れていけない人物がいる。徳田球一氏だ。通称、〝ハグのとっきゅう〟。戦後真っ先に共産党を立て直したカリスマだった。徳田氏は沖縄出身。親が、琉球一の人間になれとして、球一と名づけたらしい。徳田氏の性格は豪放磊落で誰からも好かれたという。

こんなエピソードがある。戦前、国家権力は特高（戦前の治安警察）を使って徳田氏らを常に尾行していた。徳田氏は、その下っ端の特高さえ子分にしてビラ印刷の手伝いをさせていたというのだ。また、時の首相・吉田茂はは、「徳田君は敵ではあるが、人間的には好きだ」と側近に言っていたという。

その性格は宮本氏とは真逆だったのだ。徳田氏はGHQのレッドパージで地下潜行し、逃亡先の北京で

北京から突如帰国した伊藤律氏。彼はすでに死亡していたと伝えられていた

客死した。その死を多くの国民が悲しんだと聞いた。

伊藤律

日本共産党政治局員・伊藤律は、権力のスパイであると言われた。それは戦前の大きな国際スパイ事件である〝ゾルゲ事件〟に関係してのことだ。ソ連共産党のスパイであったリヒャルト・ゾルゲは戦前日本に来日し、国家機密をソ連共産党に流していたというスパイ罪で逮捕、死刑になった。このゾルゲを特高に密告したのが、伊藤律だというのが、長きにわたる定説だった。しかしその後、これは誤りだったことが判明している。

伊藤は1913年生まれ。秀才で旧制第一高等学校に入学するが、農民運動に熱中して放校されたという。その後日本共産党に入党。その間、何度も検挙されている。

戦後に仮釈放された伊藤氏は、徳田球一の片腕だった。が、GHQの追放令で地下に潜行した。伊藤氏は〝人民艦隊〟(漁船)で密かに北京へ逃亡していたのだが、世間では伊藤氏は行方知れずのままだった。その伊藤氏が1980年9月に突如として帰国した。メディアは大騒ぎだった。帰国した伊藤氏は多磨霊園に眠る同志の墓に参った。

北京での伊藤氏は文革で迫害され、片耳と右目と腎臓に障害が残っていた。かつての同志の墓の前に座る伊藤氏の顔には動乱中国での厳しい生活の残り香が漂っていたが、農民運動に掛けた熱意の片鱗は広い額と浮き出た血管に見て取ることができた。その顔に伝説の共産党員の凄みを感じていた。

共産党のプリンス不破哲三委員長

不破哲三

宮本氏の委員長引退後、委員長となったのが不破哲三（本名、上田健二郎）氏だ。彼はスマイリング・コミュニスト、共産党のプリンスなどと呼ばれ、眼鏡が似合う東大出のインテリという印象だった。眼鏡ベストドレッサー賞に選ばれたこともある。

不破氏は「私はかって軍国少年だった」と言ったこともある。陰日なたのない、宮本氏とは違った明るい性格の人間なのだろう。熱海の党施設で行われた共産党大会ではじめて彼を見たが、後ろに座った宮本氏の彼を見下ろす顔がおよそ冗談の通じない難しい爺さんに見えた。不破氏の抑揚のない淡々と演説する様子をみると、戦前の命がけの党生活とは遠い心のゆとりさえ感じさせられた。

それを裏づけるように、彼は「私の趣味は南アルプス」というほど毎週のように山道をリュックを背負い歩くという。山岳アドバイサーとしてテレビの教養番組にも出演した。そんな不破氏だが、いざ衆議院予算委員会の質問席に立つと、声は大きくはないが理路整然とした弁舌で受け答えする大臣たちをたじたじとさせたものだった。また、彼が国会で論戦を交えた首相は佐藤栄作氏から森喜朗氏まで15人以上に及ぶ。委員長、議長を四半世紀近く務めた不破氏だが、共産党のプリンスは今年95歳になった。２０２４年1月に党の中央委員からも引退し、完全に第一線から退いた。

創立100年

日本共産党は創立100年（取材当時）。1922年、間借りの畳部屋で創立されたという。いまの既成政党が足元にも及ばない歴史の古さだ。そしてそれは、時の国家権力との壮烈な闘いの歴史の始まりでもあった。

党員は常に思想警察の動向に目を光らせながらも、職場や農村で自分達の思想を説いて回った。国家権力は彼ら共産主義者を大日本帝国の敵とみなした。人々は小声で共産党員を〝あの人は赤なんだ〟と顔をしかめて小声で噂しあった。また正義感の強い若者が体制批判すると、人々は「なぁーに、あいつは丹頂鶴なんだ。頭だけが赤いだけのインテリなんだ」と揶揄した。また筋の入った共産党員にとって、戦前の環境は命がけだった。常に監視され、いざ警察に捕まると拷問され、死亡する者もいた。プロレタリア文学の小林多喜二も犠牲者だった。

敗戦後、共産党は占領軍によって解放され、合法政党として政治活動を許された。が、1950年、再びマッカーサー占領軍司令官はレッドパージで共産党員を職場や社会から追放した。そして指導者たちの多くは地下へ潜った。

ようやく陽の目を見たのは1953年、日本が独立を果たしたときだった。だが、社会の共産党アレルギーは人々の心の中に滲みついたままだった。なにか異論を唱えると、「あの人はアカだから」とまことしやかに囁くのだった。〝卑怯者〜去らば去れ〜我らは赤旗守る〟とアコーディオンを弾きながら唄い、肩を組んで赤旗を振り振り行進する――私が子供の頃よく見た光景だ。そこから発せられる労働者の汗や油の滲み込んだ臭いが鼻をくすぐったものだ。

〝共産党は恐ろしい〟と植えつけた責任の一端は、共産党自身にもある。それは一時の武装闘争路線。つまり暴力で社会を変えようとしたからだ。いまはその印象のみじんもないが、党員と話をすると、いまでもかみ合わない何かを感じることもある。

宮本顕治、不破哲三、志位和夫と、戦後の共産党を牽引してきたリーダーたち。そして2024年には田村智子が委員長に就任した。初めての女性リーダーを選んだ共産党はこれからどのような道を選ぶのか。果たして共産党アレルギーは払拭することができるのだろうか。

梨本勝

芸能レポーター

恐縮です。梨本です

２０１０年6月11日、芸能レポーターの梨元勝氏が入院しているという話を聞き、入院先の東海大学医学部付属東京病院を訪ねた。ドアをノックして入ると、梨本氏がベッドにちょこんと座っていた。聞くところによると、梨元氏は肺がん、しかも末期だった。

「恐縮です。梨本さん」と声をかけると、眼鏡の梨元氏が笑った。やつれ果てているのではと想像していたが、思いのほか顔色がいいのにも驚かされた。

ベッドにはいくつかのスポーツ紙が所狭しと並べられていた。さらに部屋には見舞いの花が並べられ、甘い匂いが鼻をくすぐった。

梨元氏は１９４４年、東京中野区に生まれた。そしてなぜか中学時代から埼玉県に住む祖父と同居した。そして法政大学を出た後、女性週刊誌『ヤングレディ』の契約記者となる。

恐縮です、梨本です。芸能記者会見のあ[illegible]ちでの主役だった

が、彼は他社の記者に特ダネを抜かれてばかりのダメ記者だったらしい。ある俳優から「何にもナシモト」と揶揄されもしたというが元々芸能記者という仕事が水に合ったのか次第に頭角を表すようになった。

彼はこれからは週刊誌という紙媒体よりもテレビだと気づき、コネを頼ってテレビ朝日のワイドショーのレポーターとして画面に顔を出すようになる。その頃のワイドショーはタレントや俳優のスキャンダルを毎日のように流しており、民放各局のレポーターたちは競ってタレントを質問攻めにし、泣かせたりしていた。

なかでも梨元氏は、ワイドショーの看板レポーターとしていつも会見場のほぼ中央に陣取り、あのギョロ目の眼力でタレントを見つめていた。彼の流儀は、マイクを渡される前にまずタレントの目をしっかりと見据える。指名されると同時に「恐れ入ります、梨本です」と挨拶する。しっかりと裏取りしてタレントに質問をぶつける。完璧な証拠がなければ僕が恥をかき番組を干される――と彼は語った。

あの時代は『FOCUS』『FRIDAY』などの写真週刊誌や、『週刊新潮』『週刊文春』のスクープが芸能人のゴシップをすっぱ抜き、ワイドショーが後追いして記者会見となる手順だった。各民放には「モーニングショー」「3時のあなた」「トゥナイト」など、〃チャンネル〃を回すと必ずワイドショーがあった。

なかでも印象深いのは、1983年の愛人のホステスを殺害し刑務所に8年服役した演歌歌手Kの記者会見だった。Kは出所後、殺害した愛人の郷里・岡山を訪ね、墓参りをして出所の報告をし会見を開いた。しかもその会見に殺された愛人の父親が同席するという、前代未聞の記者会見だった。視聴率のためとはいえ趣味が悪い。

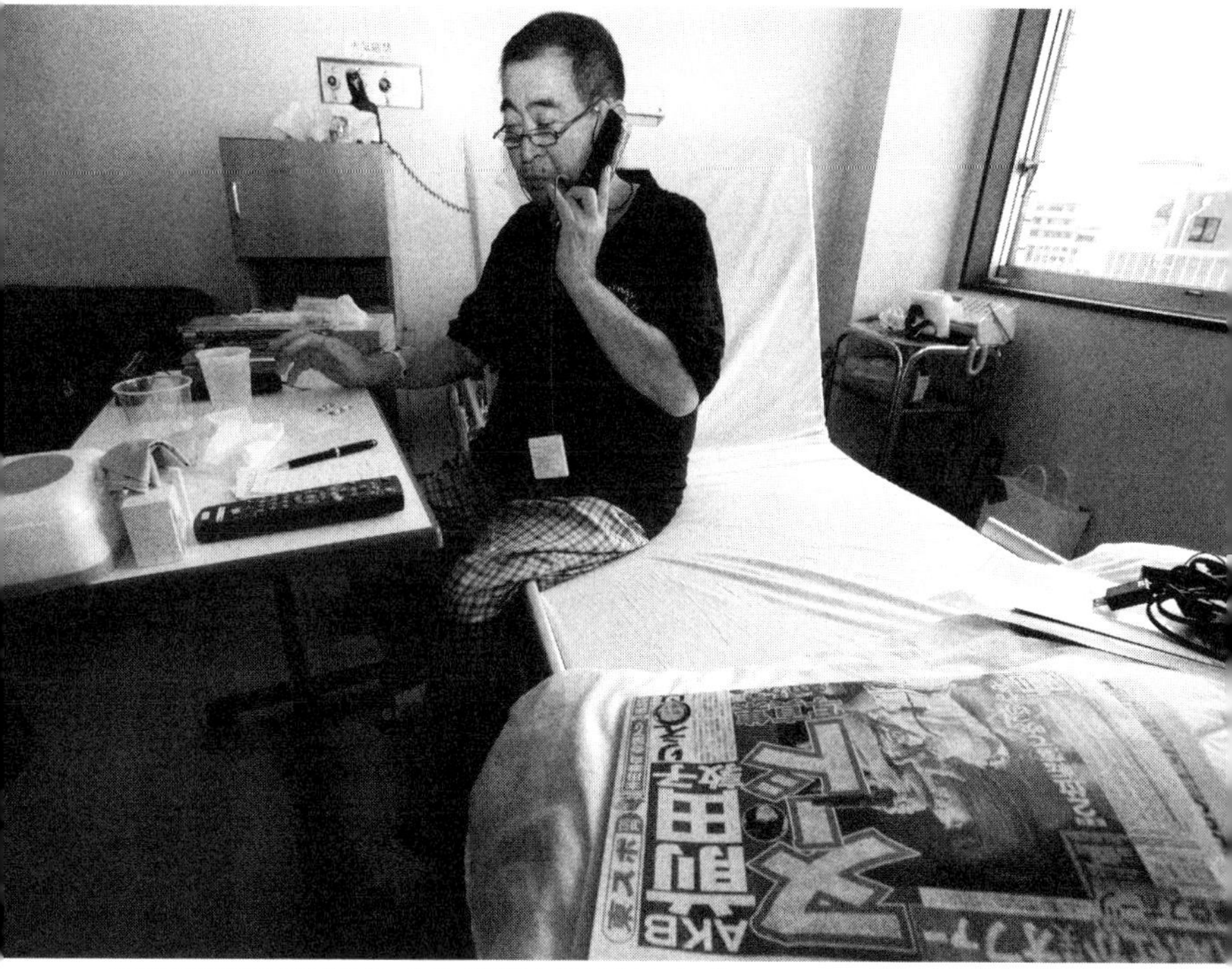

梨本氏は末期がんで入院していたが、覚悟はとうにできていたらしい

だが、何でもござれのワイドショーにも触れてはいけないタブーがあった。ジャニーズ事務所に属するタレントたちだ。「SMAP」の稲垣吾郎が警察官に免許確認を求められ、逃走して逮捕されるという事件があった。週刊誌はこの事件を報道したが、ジャニーズに忖度したワイドショーは取り上げなかった。

この件を入院中の梨元氏に聞くと、

「ジャニタレのゴシップをいじると、ジャニー喜多川が所属のタレントの出演を断ってくる。それを恐れて民放は知らんふりをするわけだ。それを僕はおかしいと言っているんだが……」

事実、梨本氏はワイドショーでジャニーズ事務所のタレントを特別扱いにしなかった。あのジャニー喜多川の少年への性加害事件を10年以上前に唯一レポーターとして取り上げていたのが彼だった。日本のマスメディアで取り上げたのは『週刊文春』だけ。イギリスの「BBC」が取り上げるまで他は知らん顔だった。果たして梨元氏は、ジャニーズ事務所のネタを取り上げたばかりにジャニー喜多川ににらまれ、仕事を減らした。

この世界に「持ちつ持たれつ」のヨイショ体質があるのは周知しながらも梨元氏は自らの芸能ジャーナリストとしての姿勢、そして信念を貫いたと言っていいだろう。

入院中の梨元氏は、自分が末期がんであることは百も承知していただろう。身近に迫った死をどう捉えているのかはわからなかった。聞くこともできなかった。ただ私の前の彼はひっきりなしに電話して、何やら忙しそうに仕事の打ち合わせをしていた。

そしてその2カ月後、梨元氏は静かに息を引き取った。65歳だった。

第二章

事件の追憶

日本航空123便墜落事故

ジャンボ機が消息を絶っているらしい

2月の高い青空を、旅客機が飛行機雲を描きながら南へ飛んでいく。遠ざかっていく旅客機を目で追っていくと、あの「暑かった夏の出来事」が蘇ってきた。あれから40年が経った。

1985年8月12日。帰省先の九州から東京郊外の自宅に戻り、澱んだ熱気を逃がそうと窓を開けた。暗い外の街灯に浮かぶ桜の木に集まった油蝉の鳴声が、夜の熱気に負けじと、鳴き暮らしていた。

突然、電話が鳴った。週刊文春の編集者Kさんからだった。

「19時ごろ、羽田を飛び立った大阪伊丹空港行きの日本航空123便ジャンボ機が、消息を絶っているらしいよ」

「えっ！」

電話から聞こえてくる、Kさんののんびりとした声とは裏腹に、話の内容は驚くべきものだった。

私は半信半疑のまま、すぐにテレビをつけた。映し出されたのは、羽田空港ロビーに立つ、テレビレポー

私の人生を返せ！　部分遺体から覗く指先は私にこう語りかけてきた

ターの姿だった。間をおかず、画面の上にニューステロップが点灯した。

〈行方不明の日航機は長野県境の山中に墜落した模様〉

Ｋさんの情報に間違いはなかった。その後、テロップが次々と打たれたが、「長野県と群馬県境の山中に墜落した模様」とだけ。同じ内容の繰り返しだった。急いでカメラバッグにカメラとレンズ一式を詰め込み、編集者が差し向けた車がやってくるのを、イライラしながらいまか、いまかと待った。およそ2時間後、迎えにきた車に飛び乗り、中央道山梨方面へと向かった。

ラジオから流れてくるアナウンサーの淡々と読み上げる肉声が５２４名の、一人ひとりの名前を、途切れることなく伝えていた。

窓の外に目をやると、日航機乗客の家族を乗せ、現場へ向かっていると思われるバスが、パトカーに守られながら列を連ねて走っていた。カーテンを閉めたバスの窓に、家族の影がぼんやりと映っていた。遠ざかる高速道路灯の明かりが流れるように後ろへ消えていく。

日付は13日へ変わろうとしていた。途切れることなくラジオから流れるニュースは、依然として墜落地点が特定されず、「長野県と群馬県境にまたがる山中の模様」とだけ繰り返すのだった。

中央道須玉料金所で下り、国道１４１号線を走って、長野県・佐久郡小海町役場へ向かった。そこにはすでに現地対策本部ができていた。役場の前の道路脇は警察車両、自衛隊、取材の車で、入る隙間もなく埋まっていた。

「どうしてまだわからねえんだよ！　あんたら日航は何をやっているんだ！　えー！」

ひとり興奮したA新聞の記者が、日航関係者らしい人間を見つけると、激しい罵声を浴びせながら詰め寄った。見かねた警察官が、興奮した記者の間に割って入ったが、記者はふてくされ「クソッたれ」と捨て台詞を残し、どこかへいってしまった。誰もがイライラしていた。

「申し訳ありません。申し訳ありません」

と日航職員は、ただただ平身低頭の繰り返しだった。近くの草むらで鈴虫が羽をすり合せて鳴いていた。僅かな秋の気配が感じられた。

やがて東の空が白み始めた。だが、依然として詳しい墜落地点はわからないままだった。

墜落現場はどこか――ぶどう峠から南南東の方向で煙が上がるのを見た、という目撃情報もあった。まことしやかな情報が錯綜するなか、私は現場に向かう自衛隊員たちの車両の後を追った。彼らが向かう先は長野県から群馬県の下仁田へ抜ける県道124号線の、ぶどう峠だった。

あたりはすっかり明るくなり、蝉が暑苦しく鳴き始め、また暑い一日が始まった。県道はいつの間にか狭い山道に変わり、所々盛り上がったわだちや鋭くとがった小石に車のエンジンは悲鳴を上げながら、曲がりくねった山道をぶどう峠をめざして登って行った。だが運転手は、「パンクしちゃった」。タイヤは完全に空気が抜けていた。仕方なく車を捨て徒歩で登っていった。背負ったリュックと、たすき掛けにした2台のカメラが、肩に食い込む。

峠には、自衛隊や警察車両がすでに到着していた。隊員たちの話によると、墜落現場はここから山を二

谷底へ落ちていたジャンボ機のエンジン。触れると冷たくささくれた感触があった

つばかり越えた「御巣鷹山」。その尾根付近らしいという。

遠くでヘリの爆音が風に乗って聞こえてきた。道の脇へ入ると、山頂へ向かって真っ直ぐ伸びる道があった。その山道を自衛隊員たちの後からついて登っていった。

直ぐに息が荒くなり、一歩踏み出すごとに、体中から倦怠感が波のように押し寄せてくる。一分一秒でも早く現場へ行きたいと焦る気持ちと疲労感が、交互した。

ようやく一つ目の山の尾根付近までやってきたとき、前方にふらふらと歩いているスーツ姿の男がいた。新聞社の記者だった。記者は山道脇の繁みに倒れ込むように横たわり、「水を持ってませんか」と声をかけてきた。驚いたことに彼は手ぶらで何も持っていなかった。だらしなくネクタイを下げ、汗と埃でヘロヘロになっていた。スーツに革靴、まったくの都会での取材スタイルを山に持ち込んでいた。

少し水を飲ませ、先を急いだ。すぐ側の木の梢で、美しい声の小鳥が我々の苦悶も知らずに盛んにさえずっていた。その山道の先々で、知り合いのカメラマンや記者たちが、喉の渇きと暑さで道でへばって倒れていた。驚いたのは、放送局名が書かれた業務用のビデオカメラが棄てられていたことだ。

現場に近づくにつれ、複数のヘリが唸りを上げながら山頂付近を旋回しているのが見えた。目指す墜落現場は、ヘリの下付近にあるらしい。何度も足を踏み外しながら急峻な山道を谷へ向かって下りていった。

すると突然、尾根へと続く深く切れ込んだ谷底に、墜落したジャンボ機の巨大なエンジンと思われる一つが、エンジンカバーから外れ剥きだしになって落ちていた。谷底に巨大なジェットエンジンが？　なんとも不可解でシュールな光景だった。触れてみると、ささくれた軽合金のひんやりとした触感が手のひらに伝わってきた。

墜落現場へ通じる最後の急な山中を、笹を両手で握りながらを登って行った。乗客と思われる部分遺体が、いたるところに散乱している。

突然、眼の前の視界が開けた。狭い尾根の一角を覆うように、大きな文字で〝JAL〟とペイントされたジャンボ機の主翼の片方が、横たわっていた。尾根に沿って生えている木々のほとんどがなぎ倒され、いたるところから航空燃料ケロシンやプラスチック、タンパク質の燻る煙が立ち昇っている。なんとも表現しようもない嫌な臭いが辺りを包んでいた。

いままで見たことも無い現場の凄惨な光景に、呆然とするなか、現場の尾根へと蟻が這い上るよう登って来た捜索隊員やカメラマンたちの姿が、目に入った。

400tのジャンボ機が、墜落ではなく激突したのだ。想像するに、機体重量約500tの半分を占める200t近い航空燃料ケロシンは、尾根に衝突と同時に一面に、爆発的に燃え広がったのだろう。

主翼の周りには、バラバラになった機体部品や乗客の荷物、そして遺体、細かくちぎれた肉片、木の枝にひっかかったままの一本の腕、高熱に焙られて炭化してしまった部分遺体などが、足の踏み場もなくそこらじゅうに散乱していた。目の前に一席の乗客シートが燃えずに残っていた。この光景を見た瞬間、「巨体が空を飛ぶということは大変なことなんだ」と、いまさらながら恐ろしくなった。

ふと足元を見ると、男物の財布が燃え残っていた。乗客の物だろう。中身を見ると、クレジットカードや数枚のお札の間に挟まった一枚の家族の写真があった。写真には公園で撮ったらしい妻と二人の子供の笑顔が写っていた。写真をその場で複写しようかとも思ったが遺族の事を想うと止め、警察官に渡した。

次々とやってくる頭上のヘリがまき散らす轟音と、風圧の下で、警察官が布に包んだ遺体に手を合わせている。その傍で、無表情で手足を拾い集める自衛隊員、立ち昇る炎に足で土をかける消防隊員――みんな黙々と割り当てられた仕事をこなしていた。

だが、一人の捜索隊員はその場に座り込み、捜索を続ける仲間たちを呆然と見つめていた。声をかけると、「少し疲れちゃって」と虚ろな返事が返ってきた。

遙か彼方の茜色に霞んだ山々に真っ赤な太陽がかかった。夕陽は、疲れ果てて座り込んだ我々の顔を赤く染めた。遠くを眺める目線の先に、山々が黒いシルエットとなり浮かんでいる。それも束の間に、消え去り、御巣鷹山の尾根は深い闇に包まれた。静寂と冷気、そして闇は、まるでなにごともなかったかのように凄惨な墜落現場を包み込んだ。

現場に残った僅かな隊員たちや取材の仲間たちは、狭い尾根に所狭しと置かれた遺体を囲むように座り込んでいた。みな、汗と泥にまみれ、言葉さえ掛ける気力もなく疲れ果てて座り込んでいた。ときたま、暗闇に鬼火のようにちらちら燃え上がる炎を、誰もが黙ったまま見つめていた。きょう一日、長かった。空腹だった。リュックのなかから弁当を取り出した。近くに座るカメラマンへ「もう一つ弁当がありますから、よかったらどうですか」と声をかける。するとカメラマンは「食欲があるんですねぇ」と笑いながら礼を言って、差し出した弁当を受け取った。

いざ食べようとしたとき、足元の近くにちぎれた人間の足が落ちているのに気づいた。懐中電灯に浮か

激突したジャンボ機の片方の主翼

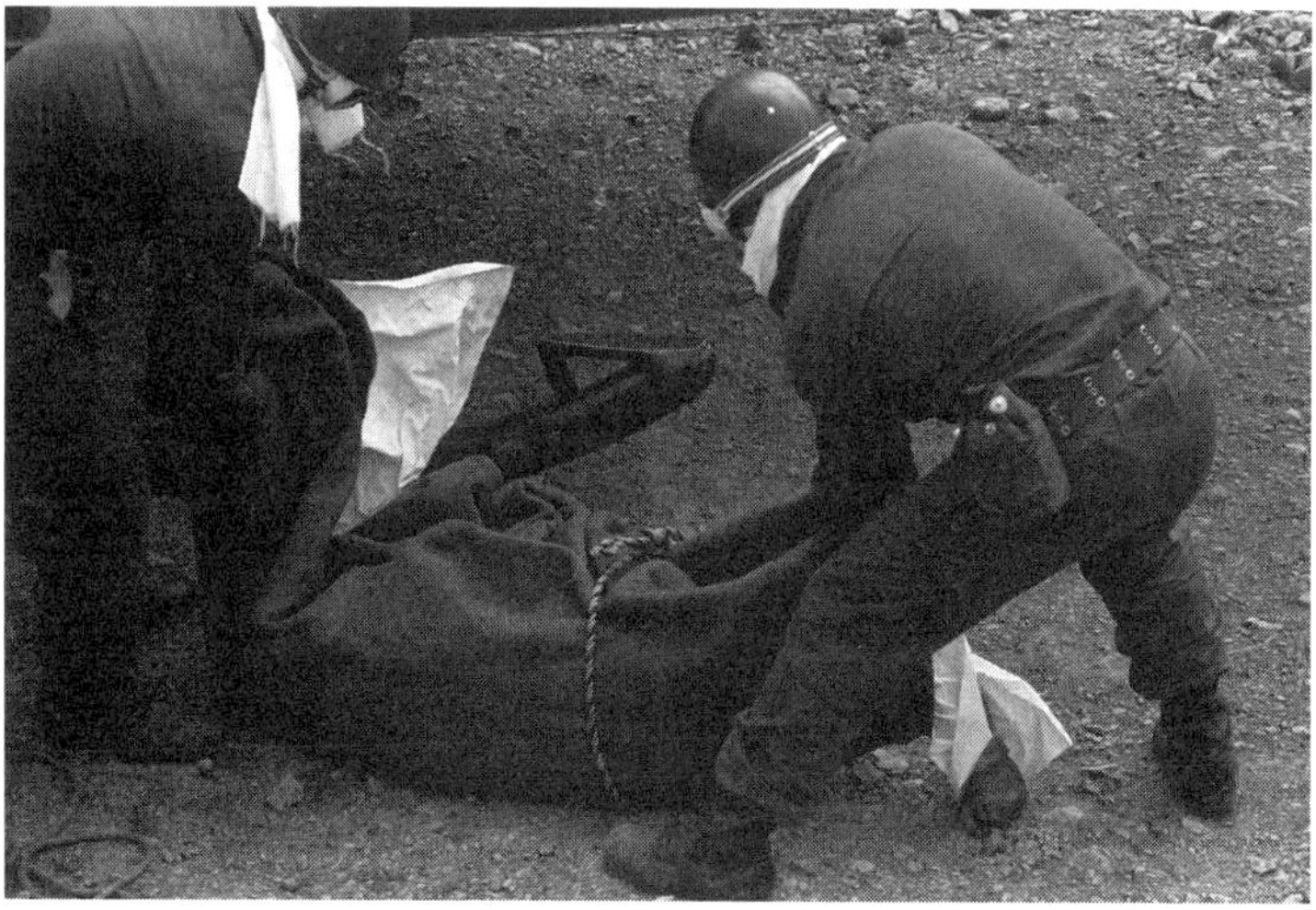

遺体をヘリに収容する自衛隊員

あまりに凄惨な事故現場で呆然とする救助隊員たち

び上がった足は、踝から膝関節の上までが骨だけになっていた。血の気のない生白い足首は泥にもまみれずに、風呂上がりのようにふやけて、生々しかった。麓から山頂へ吹きあげてくる風は、昼間の暑さと悪夢が嘘のように心地よさを通り越した冷気を運んできて体を震わせた。遺体を包むために用意された毛布を借りて、横になった。すぐかたわらには、明日、ヘリで運ばれる遺体が並んでいた。

燻り続ける御巣鷹山の狭い山頂の片隅に置かれ、毛布に包まれた遺体。その毛布の結び目の先から僅かに覗く指先――その親指の爪には、濃いパールピンクのマニュキュアが塗られていた。

その鮮やかな色彩が、木の隙間から射し込んだ光に浮かび上がった。そして、あたり一面モノトーンに変わり果てた光景のなかで、異彩を放っていた。

「どうして私たちが犠牲にならなければならなかったの……どうして?」――一瞬にして命を奪われてしまった犠牲者の無念さが――「死にたくなかった。いま直ぐ私の命を返してください!」と私に語りかけてきた。

事故犠牲者の遺品

再び現場。そこでジャンボ機だとわかるものは翼だけだった。ばらばらになった機体から飛び散った機体部品、客席シート、遺体、部分遺体、眼鏡、時計、財布、靴、ハンドバッグ――乗客が身に着けていて燃えずに残った品が散乱していた。

群馬県警は、まず優先して、遺体と部分遺体をビニール袋に集めていた。それから乗客の残した遺品を

羽田に集められた遺品を懸命に探す遺族

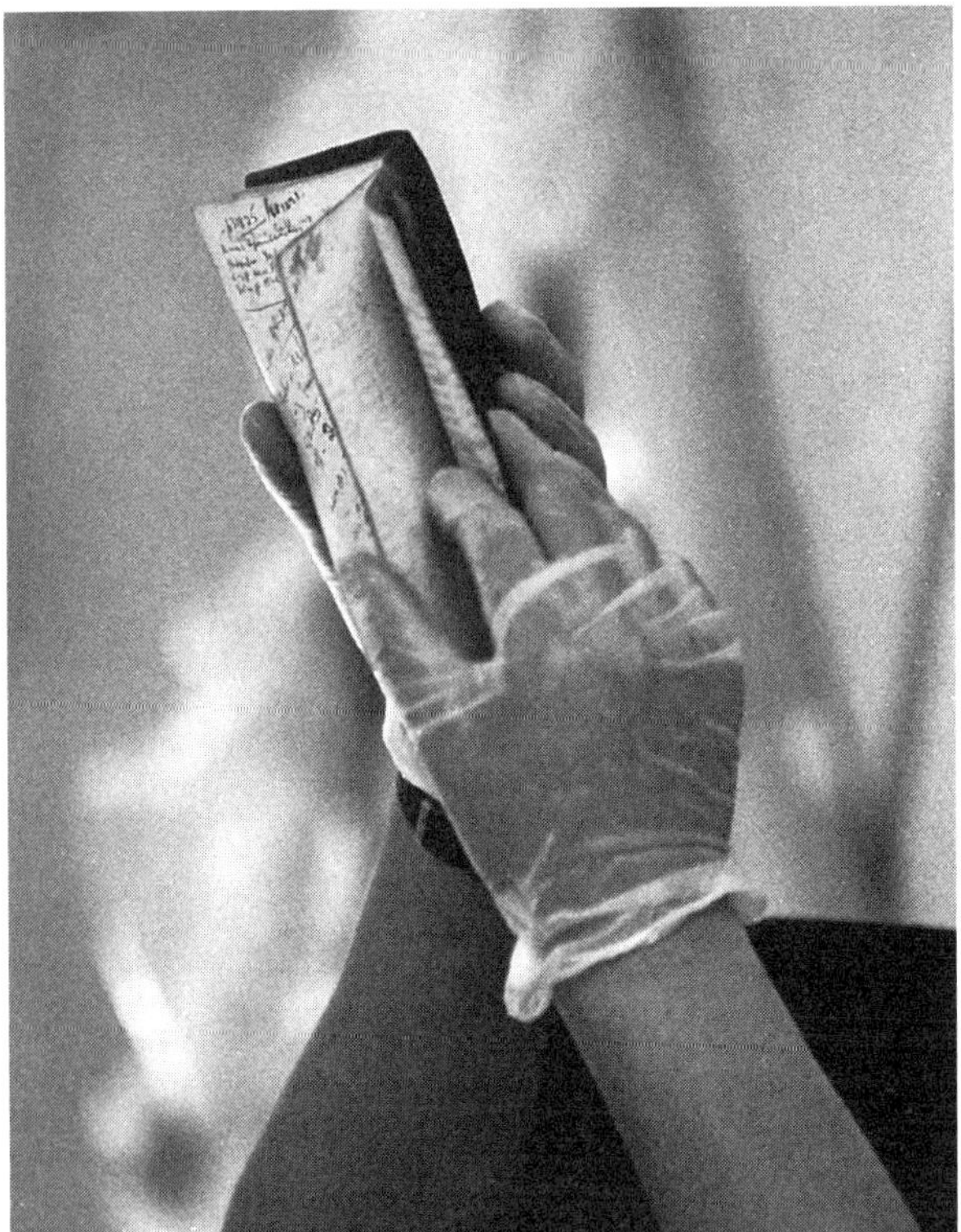

犠牲者が残した手帳を確認する遺族

丁寧に拾い集めていた。と同時に事故原因を探求するための機体の内部構造を支える外壁など、重要パーツも丁寧に集められていった。

犠牲者遺族にとって事故原因の証拠部品も大切だが、犠牲者が身に着けていた物はかけがえのないものだろう。その数々の遺品は、いったん群馬県警へ保管され、すぐに羽田にある日航施設へと運びこまれた。そこで遺族が確認出来たものは返品された。

私は事故後約1か月たったころ、羽田の遺品管理所へいった。入り口には受付が出され、訪れる遺族の対応にあたっていた。

そこは小さな体育館のような施設で、ビニール袋に入れられた遺品が、見やすく順番に置かれていた。一つの遺品を見ると、品名が書かれたシールが貼られていた。遺族の一人は、そのなかから手帳を見つけ、丁寧に一枚一枚めくっていた。

その日は約20人の遺族関係者が訪れていた。かがんだり、ひかりにかざして、繰り返し確認していた。遺族どうしが確認しあう、囁くような声が聞こえていた。

一周忌に寄せて

あの墜落から一年にあたる1986年8月12日、事故現場へ向けて御巣鷹山を登った。

事故当時は道といえるような道はなかった。それを物語るように事故から2日後に遺族が現場へと向かう途中で落石で死亡するという事故もあった。

だがこのルートも、事故から一年たつと、慰霊登山がしやすいように日航職員や地元消防団の手で整備されていた。その道を遺族は喪服や普段着でゆっくりと登っている。途中、何カ所かにペットボトルが置かれた休憩地点が設けられていた。日航の職員は黙って頭を下げ、冷えたボトルを慰霊登山者たちに手渡していた。薄暗い谷に鳥の声がわたっていった。

途中、事故当時の社長だった高木氏がゆっくりとした足取りで登っているのに出会った。「大丈夫ですか？」と声をかけると「はー、ありがとうございます」と頭を下げた。

だが、息は荒かった。高木氏にとってそれは針の山を登るにも等しい。8合目あたりで一人の中年男性がぽつねんと座っていた。高木氏が頭を下げるが、高木氏と気づいたのか無視した。男性に話を聞いた。彼は家族が亡くなったという。そして「あの日以来、仕事にも手がつかず、家に帰ってもぼんやりしてるばかりです。一人、ここで家族を思い出しながら祈るだけです。慰霊式には参加しません」と心境を短く語った。

尾根には、高木氏らを待ち構えるテレビカメラが多数いた。高木氏に「お気持ちは」などとマイクをむける記者もいた。尾根には花を持った人、菓子や果物を手にした人、ビールや日本酒をいまは亡き相手と飲む男性、悲鳴に近く号泣する中年女性、南無阿弥陀仏と念仏を唱える人、ひたすら数珠を手に祈る老夫婦など、そして線香の煙がいたるところから漂っていた。

ある女性に話を聞いた。

「どなたを亡くされたんですか？」

事故から一年目の夏。慰霊祭に出席した日航山路社長らを遺族が厳しい目で見つめる

「主人です。東京へ出張でした。淋しいですとても。でも4人の生存者がいたことに少し救われた気がしました。よく生きておられたと」

他にも聞いた。

「想像を絶するような揺れや振動、墜落の恐怖が30分以上も続いたらしいんですね。どんなに恐ろしかったことか、最後は諦めたんでしょうかね」

「安全神話なんて日航が勝手に作ったんでしょう? もう飛行機は信用できない! 海外も行きたくない」

一年経った御巣鷹山の頂上には懺悔、怒り、悲しみ、後悔が走馬灯のように回り人々を包んでいた。

一周忌慰霊式は、この日の夕方に群馬県・上野村で行われた。この日、慰霊登山を終えた遺族関係者は、村が用意した休息所で休み、式へ臨んだ。

式では日航の役員などがずらっと横並びして、式に臨む家族に深々と頭を垂れた。しかし向けられるのは、命を奪われた家族の、刺すような視線だ。経営陣はなにを思ったのか。それはわからない。

墜落した747ジャンボ機は、伊丹空港で尻もち事故を起こしていた。製造元のボーイング社からその修理に派遣されたスタッフの手抜き修理がこの事故の主原因だとされている。そのボーイング社を代表して副社長が式に参列していた。それを見咎めた中年女性が副社長に詰め寄った。だが副社長は、二言三言会話したにすぎなかった。近くの遺族の男性が「坊主にしろ!」と、吐き捨てた。

大韓航空機爆破事件

アブダビ発「大韓航空」858便、冬の韓国ソウルの気温は東京よりも10℃低い。

1987年11月、その日もソウルは凍てつくような寒さだった。私は韓国大統領選挙取材のため、ソウルにいた。市内では、3人の候補者が入り乱れての熾烈な戦いが始まっていた。16年ぶりの直接選挙ということで選挙運動も盛り上がっていた。

ところが11月29日、突然、選挙を吹き飛ばすようなニュースが飛び込んできた。アラブ首長国連邦・アブダビ発「大韓航空」858便が、ビルマ南東のアンダマン海上空で消息を絶ったのだ。機は墜落し、乗客・乗員115名が死亡した。乗客は大半が中東への出稼ぎ労働者だった。

事故の詳細は衝撃的だった。航空機は爆破されたというのだ。そして、爆破の実行犯は、日本のパスポートを持った蜂谷真一と蜂谷真由美の親子だという。韓国も日本も大騒ぎだ。

この二人はいずれも北朝鮮の工作員だった。本名は金勝一（当時59歳）と金賢姫（当時25歳）。二人は金正日の命令で爆破テロを実行した。来るべきソウルオリンピックの開催を阻止するのが目的だった。二人は北朝鮮からハンガリー、ウィーン、ユーゴスラビア、を経てイラクのバクダッドに入り「大韓航空」

858便に搭乗した。

手荷物の中には時限爆弾が隠されていた。858便は途中、アブダビを経由した。二人は手荷物を機内に残して機から降りた。そして、アブダビを飛び立った858便はその約4時間半後に爆発、機はアンダマン海上空で墜落した。二人は何食わぬ顔をして次の日にバーレーンに入国したが、出国しようとした際にパスポートの真贋を怪しんだ係員によって身柄を拘束され取り調べを受ける。その時、金勝一は青酸性カプセルを呑んで自殺したが、金賢姫は一命をとりとめた。金賢姫は韓国安全企画部（旧KCIA）によってソウルに護送されることになった。

ソウル市内では北朝鮮を糾弾する集会が開かれた。市民の声は厳しかった。生き残った実行犯にも死刑を求める声が大半だった。

12月15日、金賢姫を乗せた大韓航空機がソウル・金浦空港へ戻ってきた。空港には取材陣が詰めかけ、今か今かと到着を待ち構えていた。やがて金賢姫を乗せた大韓航空DC10が我々の前で止まり、数分後にドアが開いた。金賢姫は安企部の男女に両手を支えられて、うつむき加減でタラップを降りてきた。口には自殺防止のためにマウスピースがはめられていた。取材陣はどよめいた。金賢姫はとてもテロリストとは思えない清楚なお嬢さんという雰囲気だった。周りのカメラマンたちは「美人だなあ！　こんなかわいい子が……」と驚きを隠せなかった。

連日取り調べを受けた金賢姫は頑なに口を閉ざしていた。金賢姫という本名も後にわかったことだ。しかし、ある日安企部の計らいでソウル市内をドライブした頃から徐々に心を開いていく。ドライブで彼女

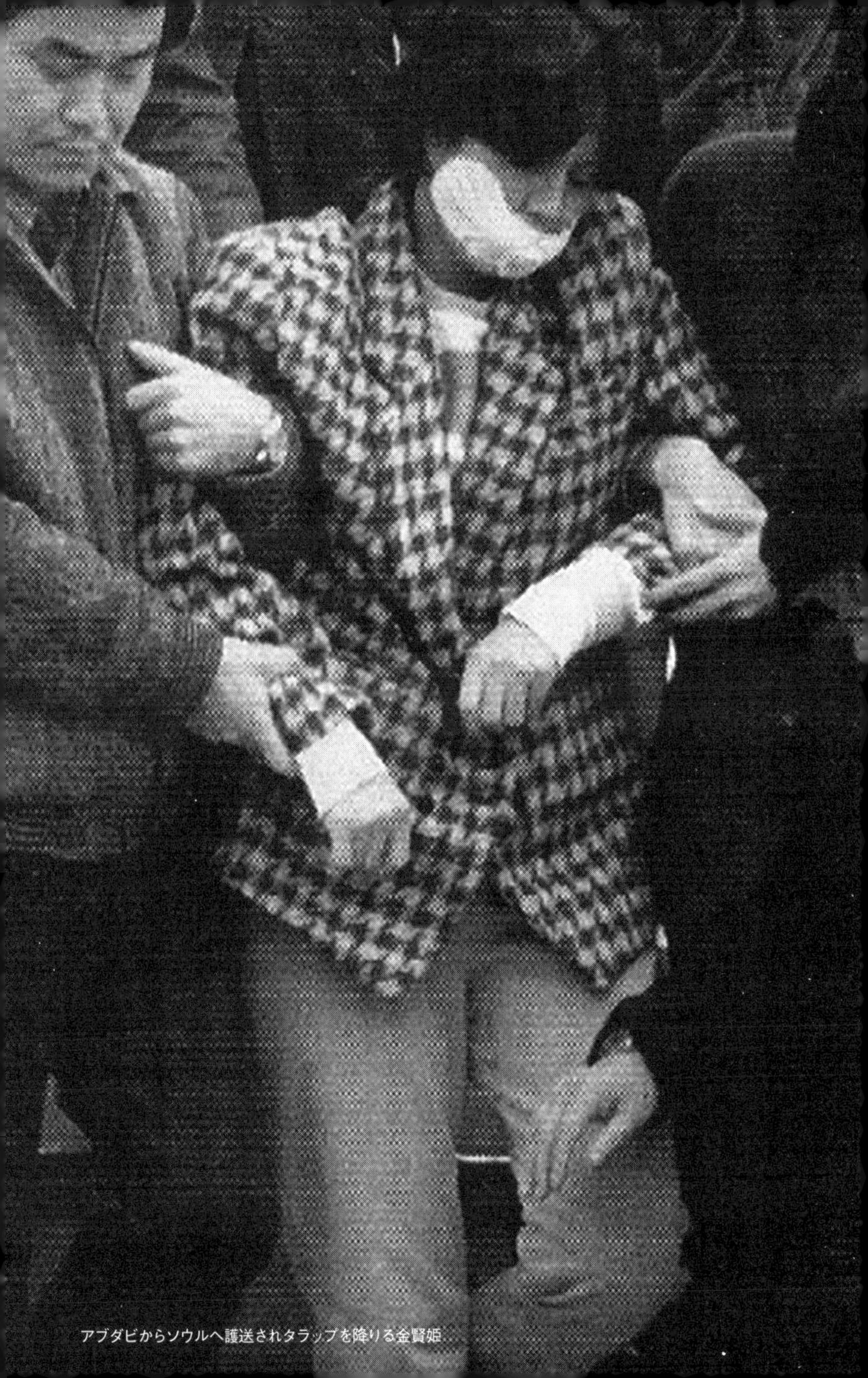

アブダビからソウルへ護送されタラップを降りる金賢姫

が目にしたソウルの光景は、国で教えられていたのとはまったく違っていた。それまでは彼女は、南（大韓民国）はホームレスと娼婦の町で貧困国家だと教えられていた。しかし、実際に見た韓国は発展していた。手をつないで歩くカップル、行きかう無数の車、建ち並ぶビル、ネオンサイン、彼女の心は揺れた。

その後、金賢姫は全てを自供し、裁判を待つ身となった。そして、裁判では死刑が言い渡されたが、後に特赦された。

金賢姫は、特赦後に数冊の告白本を出版し、しばらくはマスコミにも登場していたが、その後は社会から姿を消した。安企部のスタッフと結婚し、世間をはばかるようにひっそりと暮らしているという話が聞こえてきた。

その金賢姫が再び公の場に現れたのは2009年、釜山での日本人拉致被害者田口八重子さんの長男との面会の場だった。これは拉致被害者家族会からの要請で実現した。金賢姫は北朝鮮で田口八重子さんと面識があった。

というか、田口さんと同居し、彼女から日本人のことを学んでいたという。そして、その面会の流れで2010年7月、金賢姫は初めて韓国を出国し訪日した。

その時の訪日では、横田めぐみさんの両親など拉致被害者の家族と肩を抱き合って面会し、記者会見が開かれた。20数年ぶりにファインダー越しに見た金賢姫は、あの時の印象のままに清楚で落ち着いていた。あの事件の罪は消えないが、彼女の数奇な運命に改めて感慨を覚えていた。

来日したとき横田めぐみさんの両親とあった金賢姫

人は、生まれ落ちた国の違いによって幸・不幸が決まるのだろうか。金賢姫は金一族の独裁国家に生まれた。そして国家を信じ指導者を信じた結果が、はからずも彼女を自由の国へと導いた。彼女が黙して語らない部分、彼女の内面は思いはかるしかない。

基地建設「馬毛島」

権利を手に防衛省と渡り合った男

鹿児島県種子島の沖合に浮かぶ無人島、「馬毛島」。現在、政府はここに新たな自衛隊基地の建設を進めている。ちなみに島の面積は8・20平方キロ。日本で2番目に大きな無人島だ。

2023年1月12日、賛否両論が飛び交うなかで、建設工事は無事に着工された。防衛省もひと安心というところだろう。というのは、ここに至るまでには、この島をめぐって、もう一つの長い物語があったからだ。

物語の主人公は、この島の元オーナー・立石勲氏。そして立石氏が立ち向かった相手は防衛省だった。

立石勲氏は1993年、鹿児島県・枕崎市の生まれ。地元の水産高校を卒業後、遠洋マグロ船の乗組員となるが、30歳を前に陸に上がり建設会社を立ち上げたという。その後、羽田空港の埋立工事や出雲空港の工事などで着実に業績を伸ばしてきた立石氏が、故郷でもある鹿児島県の馬毛島の開発権を取得したの

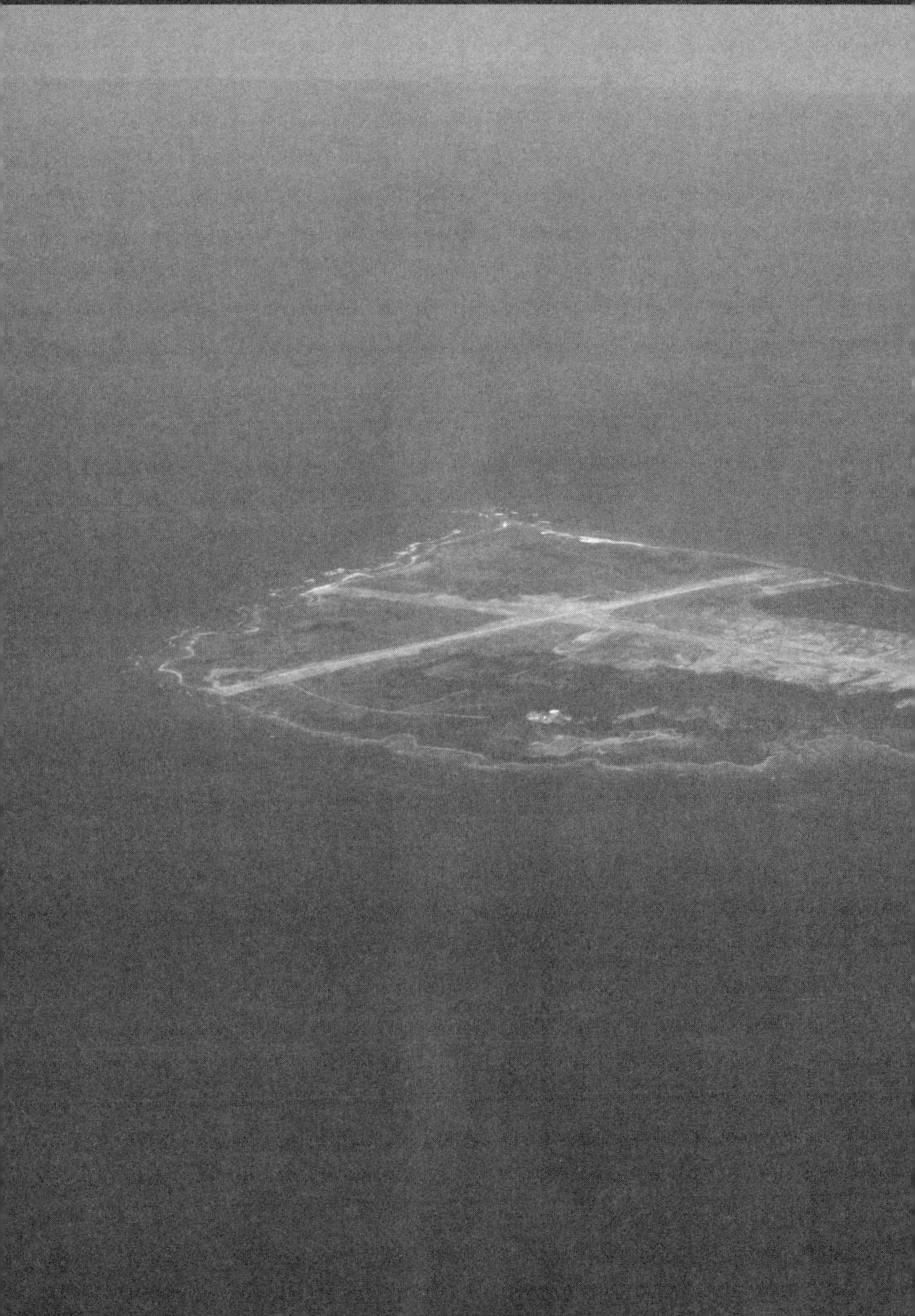

種子島近海に浮かぶ馬毛島

は、1995年のことだ。

彼はその後、10年以上の年月をかけて島の99％の土地を取得。まさに島のオーナーとなる。つまり島の開発は、彼の意のままということだ。

さて、どう利用しようか？　様々な開発構想が浮かんでは消えた。そのなかで彼は国防に着目する。

そして米軍の空母艦載機離着陸訓練（ＦＣＬＰ）用飛行場の誘致に乗り出すのだ。これは政府にとっても願ってもない話だった。ＦＣＬＰは戦闘機のパイロットにとって欠かせない訓練だが、低空飛行でタッチアンドゴーを繰り返すため凄まじい爆音を伴う。そのために厚木基地を追い出されたあとは、遠く離れた太平洋上の硫黄島で訓練が行われていた。もっと近場に訓練用の飛行場を設けることは日米両政府の、長年の差し迫った課題だったのだ。

馬毛島は無人島で、地権者もほぼ一人だ。話はとんとん拍子に進むだろう――と防衛省は考えていた。だが、交渉は難航した。当初、島を買い取りたい防衛省に対し、立石氏は「賃貸で」と言う。その後、やっと買い取りで合意したが、今度は金額の折り合いがつかない。双方の提示する金額があまりにもかけ離れていて交渉のテーブルにすらたどり着けない状況が続く。こうして馬毛島の基地計画は頓挫してしまった。

そんな最中の2011年6月、私は馬毛島で立石氏の話を聞いた。

その日、どんより湿った雲を掻いて鹿児島空港を飛び立ったビーチクラフト機で、まず到着したのは種子島。そして島の西之表漁港から小型連絡船で40分、馬毛島の岸壁に到着した。

立石氏は、まず〝砦〟と呼ぶ建物に向かった。そこには10人ほどの土木作業員と、賄いのおばさんが住み込んでいた。6階建ての建物で、電気は自家発電。水は地下から汲み上げているという。近くには〝立石神社〟と命名されたミニ神社もあった。立石氏は神社に向かって柏手を打ち、深々と頭を下げた。

「工事の安全と馬毛島の行く末を、いつも〝俺の神様〟にお願いしているんだ」

そして彼は造成工事の現場に案内してくれた。なんと、滑走路を建設するのだという。目の前を巨大ダンプカーが漠々と埃を舞い上げながら走っていた。

「俺は以前、空港の工事を請け負っていたからスキルがあるんだ。防衛省の寝ぼけ官僚どもは勝手に掘り返したら基地として使えなくなるなどと陰で笑っているらしいが、何を言いやがる。お前らこそ何も知らんくせに」

滑走路は、両側の土手を削り取って、遥か先の屋久島方向の紺碧の海に吸い込まれるように続いていた。所々に巨大な岩が無造作に転がっていた。工事車両の脇を、この島固有の〝馬毛鹿〟が横断していく。

「この島の住民は結局のところ鹿に追い出されたんだよ」

とダンプの作業員が教えてくれた。

島の中央の小高い丘には旧海軍の監視所が姿を残していた。ここから米軍機の来襲を連絡していたのだと思うと時が止まったような不思議な感覚を覚えた。つまり馬毛島とは、そんな島だった。

あの官僚の馬鹿どもが……

事務所に戻り、賄いのおばさんが作った煮魚をおかずにどんぶり飯をかっ込みながら、再び立石氏の話を聞いた。

「俺は子供のころ、知覧の特攻隊基地から特攻機が飛び立っていくのを見上げていたんだ。そのときの光景は、いまも頭の中に叩き込まれている。だから、わが身を削ってでも国を守るということに協力したいんだ。これは愛国心からやっている事業なんだ」

彼がこれまでに投じた費用は、土地の買い増しと造成工事を合わせると200億円を超えるという。防衛省側が提示する45億円などでは到底無理だと、彼は言う。

「投じた費用分は回収しなくては。防衛省は米軍戦闘機の訓練基地を他で探すふりをしているが、どこからも反対されるに決まっている。喉から手が出るほどこの島が欲しいくせに、官僚の変なプライドで値切りやがるから話が進まないんだ。俺は一円もまけるつもりはないよ」

と彼は強気だった。

立石氏は、不遜な笑みを浮かべたと思えば、口から泡を飛ばさんばかりに勢い込む、といった風で、エネルギッシュだった。そして最後は、必ず官僚の悪口に落ち着いた。

「あの官僚の馬鹿どもが……」

私が立石氏と会ったのはその時だけだが、何とも強烈な個性の持ち主だった。

その後も彼は、その一癖も二癖もある個性で防衛省を相手に一歩も退かず丁々発止と渡り合った。一方の防衛省も馬毛島を諦めなかった。

島の買収交渉は平行線のままに紆余曲折を経て、ひと波乱ふた波乱の末に2019年の11月、ようやく160億円で合意となった。結局は立石氏の粘り勝ちといえるだろう。それから一年半後、立石氏は老衰

滑走路工事の様子を見る山師立石勲氏

馬毛鹿は貴重な在来種だ。今、何処へいった？

で静かに88年の生涯を終えた。

さていま、政府はこうして買い取った馬毛島を、不沈空母さながらの基地にすべく着々と計画を進めている。２０１１年に私が訪れたとき、地元の西之表市の住民の意見は、３対7で基地に反対の声の方が強かったように思う。

「あそこが基地になり、アメリカの戦闘機が吠えまくると、騒音や基地の人間で環境は一変するだろう。屋久島だっておちおちはしていられないよ。魚も獲れなくなるのが目に見えている。断固反対だね」

とひとりの漁師は言っていた。確かに、こののんびりした風景は激変するだろう。

一方の賛成派の住民は「基地建設が始まると建設作業員でホテルや旅館、飲み屋が繁盛する。この眠ったような島にも活気が出る。それに膨大な助成金も出るんだろう。反対している漁師のなかには、大金を手に入れようとごねている連中もいるんだろうね」。

こうした賛否両論は、いずれの基地建設予定地でも繰り返し聞いた話だ。が、こと馬毛島については、防衛省の基地建設計画には微塵の揺らぎもない。

島の買収についてあれだけ一歩も退かず、粘り強く基地を建設する道を選んだのだ。あとは邁進するのみということなのであろう。

敗戦と靖国神社

過ぎ去った「悪夢」の果てに

〈耐えがたきを耐え、忍び難きを忍び——朕は帝国政府をして、米英支ソ四国に対し、その共同宣言を受諾する旨、通告せしめたり〉

１９４５年8月15日、私の母ら国民は空腹を抱えながら、天皇の玉音放送を聴いた。あの日は朝からセミが鳴き暮らし、やけに空ばかりが青かったという。

「陛下の天に昇るような甲高い声。まるで和歌を詠んでいるようで。なにをゆっとるのかさっぱりわからんかった。けども、戦争に負けたことだけは私でもわかったとたい。正直ほっとした。今晩から電気が点く。B29の空襲もない。それが嬉しかった」

私の母は当時住んでいた九州・大牟田での戦争体験を話した。母が続けた。

「田んぼに沿ったあぜ道を帰っていると、突然、空襲警報のサイレンが鳴ったとたい。どこか逃げ隠れせにゃいかんと思ったとたん、アメリカの戦闘機が私をめがけて機銃掃射してきたんよ。慌てて田んぼの溝

敗戦記念日。靖国神社の境内で敬礼する戦中戦後世代の人たち。誰に敬礼するのか？　A 級戦犯か？

に飛び込んだんだけど、B29から落ちてきた爆弾が、私のすぐそばに落ちたんや。でも、運よく田んぼの泥濘に刺さって不発。あのとき爆発していたら、あんたもおらんね。這って逃げ帰った家は、もうなかった。アメリカ軍が十字爆撃をやって、我が家からはるか遠くまで真っ直ぐに家が焼かれていた」

もうこのとき、母親は〃これは日本は負けるな〃と確信したという。そして、とどめは同年8月9日午前のことだ。母は有明海の彼方の長崎から湧き上がるキノコ雲を見たのだった。

「ありゃー、なんじゃやね？」と、ポカーンとするだけだったという。後に新型爆弾（プルトニュウム型原子爆弾）の投下だと知った。だが、それでも国民の多くは「まさか負ける」とは思わず、あくまで勝利を信じていたのだ。

あの太平洋戦争とは――

日本人300万人以上の失われた命、さらにアジアの人々に多大な犠牲を強いてまで大日本帝国が突き進んだ、あの太平洋戦争とは――。

想像を巡らしながら私なりに勉強してみた。抜き差しならぬ滅亡への道へ足を取られ始めた最初の一歩は1932年5月15日に起きた海軍若手将校によるクーデター事件だった。

「5・15事件」だ。青年将校らは財閥解体、政党政治廃止を叫び、時の犬養毅首相らを殺害した。クーデターは失敗に終わり当然、同年11月には全員検挙された。だが、不思議なことに、3年後には天皇の恩赦により娑婆へ出てきたのである。これを機に軍部の発言力が次第に増していった。

そして、同じく1932年、帝国陸軍である関東軍は、滅亡したはずの清朝最後のエンペラー・溥儀を満州国皇帝に据え、我が国は中国大陸への本格的進出への足掛かりを得たのだった。

さらに1936年2月26日、近衛師団などの若手将校の中の皇道派と言われたグループによるクーデター事件が起きた。当時、このニュースを聴いたときのことを母親は、こう話した。

「なんで兵隊さんたちが反乱を起こしたのか、さっぱりわからんかったけど、近所の物知り顔のオヤジさんは『娘を売り飛ばさざるを得ない東北の貧しい農家の現状などに憤った若手将校たちの決起じゃ』と。気持ちはようわかった」

だが内実は、そう単純なものではなかった。

当時、陸軍内部には統制派、皇道派という二つの大きな潮流があった。統制派の戦略は南方（東南アジア）への進出を主眼に起いていたが、対する皇道派は、対ソ連への防衛を兼ねた侵攻を戦略に置いていた。その皇道派によるクーデターが起きた。

青年将校たちは首相官邸を襲撃。高橋是清など重臣5名を殺害した。

が、これに激しく怒ったのが大元帥閣下である。天皇を推し抱く青年将校たちを、逆に鎮圧せよと、自ら大勅令を発せられたのだ。ある者に言わせると、陛下はもともと「統制派」に理解を示しており、皇道派の決起には「朕、これを許さず」であった。そして青年将校19名は天皇に少なからざる恨みを抱きながら銃殺されたのだった。

すでにその時代、大日本帝国は国連を脱退、世界の孤児となりつつあった。それに並行するように議会政治には体制翼賛の気風が蔓延。つまり国家に物申す輩は危険分子とみなされ排除されていった。

そして1937年7月、日中戦争のきっかけともなった「盧溝橋事件（日本軍と中国軍の武力衝突）」が起こる。このとき、すでに中国国内では激しい反日感情が巻き起こっていたが、この事件を契機に日本軍は中国大陸へ本格的に軍事介入するようになった。

一方、国内の新聞・ラジオも国民を煽り、益々、戦争への道の露払いとしての役目を担った。この時代、天皇陛下を批判をすれば、たちまち「特高（思想警察）」の耳に入り、有無を言わさずしょっ引かれるのであった。

この暗い時代のことを、母親が述懐する。

「そりゃー天皇のての字も言えんかった。特高、憲兵隊がやってきて、牢屋にぶち込まれて拷問。恐ろしゅうて口が裂けても天皇の悪口や軍隊の悪口など言わん！　直ぐにあの人は国賊、アカ（共産党）となるとたい。なまじ学問がある大学出や高校出のインテリは目を付けられていた。それに女性は派手な赤や黄色など原色の服、口紅、髪型、果ては軟弱な恋愛ものの歌謡曲も禁止」

さらに母親が付け加えた。

「軍隊に入らんものは非国民扱い。徴兵検査でも甲種合格で当たり前。病弱で徴兵検査に不合格した人間は非国民。『この非常時に兵隊になれんとは何ごとか！　お前らはそれでも天皇陛下の赤子か！』と罵倒されていたんよ」

時代は、まさに一億総国民天皇陛下の赤子。面従の徒なのであった。陛下の為ならば「玉と砕けん」。「累々たる屍を乗り越え、いざ行かん」であった。

そして1941年、統制派の陸軍大将・東条英機を首班とした東条内閣が成立。同年12月、天皇の御聖断により遂に太平洋戦争へ突入したのであった。

母は言った。

「私らも真珠湾攻撃大勝利を祝い、提灯行列に駆り出され、小旗を振り振りぞろぞろ歩いたとたい。ラジオから『勝った！　勝った！　また勝った』と放送が流れるとたい」

それに同調するように贅沢禁止令がいっそう厳しくなり、「私ら女はパーマ禁止、スカート禁止、モンペたい」と当時を恨めし気に語った。愛国婦人会に監視されていたのだ。

家中の貴金属類が供出させられた。世の中から光物は消え失せ、甘い物が消え、「欲しがりません、勝つまでは」が合言葉のように流行した。しかし翌年のミッドウェー海戦で虎の子の空母を4隻も失い、西太平洋ガダルカナル島では守備隊が2万人死亡、東ニューギニアの飢餓地獄――その詳細は大岡昇平著の『野火』にも記されているが、次第に日本は敗戦のへの道を進んでいく。

また、1944年、ビルマ（現・ミャンマー）のインパール作戦では2万人以上が戦死した。大半は餓死やマラリアなどだったという。

さらに戦局は断末魔の喘ぎ、サイパン島陥落。そしてB29の本土爆撃が始まった。それは日本中をことごとく空から焼き尽くすという焦土作戦だった。

母は言う。

「空襲が始まったとたん、私たちはバケツ消火訓練や竹槍訓練の毎日じゃった。そんなもんでB29やアメリカ兵に勝てるとは微塵も思わなかった。近所の威勢のいいオヤジは物干し竿でグラマンくらい叩き落としてやるといっていたが、そのオヤジも空から落ちてきた焼夷弾が頭に当たり死んだとたい」

もうそのころは戦局などという悠長な言葉ではとても表現できず、まさに「日本列島総地獄」であった。バンザイ突撃、神風特攻隊、人間魚雷回天、人間ロケット桜花――断末魔の狂気が生んだこれらの戦術が肉弾となって遂行され、若い命を散らしていったのであった。

終戦記念日の8月15日、当時の軍人たちを祀っている靖国神社に毎年大勢の人々が集まってくるが、その様子も年々変わってきた。以前は戦時中にタイムスリップしたかと思うような光景もあったが、戦争体験者は少なくなり、最近は外国人旅行者の姿も増えた。

果たして、この戦争体験者――戦前生まれの世代すべてがこの世を去った後、この戦争はどう語り継がれていくのであろうか。

歴史のなかの「国鉄民営化」

私は子供の頃から鉄道好きで、いわゆる〝鉄ちゃん〟のはしりだった。1960年代はじめのことだ。そのころの国鉄の列車は、色とりどりで、東京と九州を結ぶ路線では、特急寝台の「はやぶさ」「あさかぜ」、寝台急行の「雲仙」など、多くの魅力的な列車が走っていた。ヘッドマークを付けた機関車に牽引されてホームに滑り込んできたそれらのブルートレインに心を躍らせ、おもちゃのようなカメラを手に、夢中になって写真を撮った。当時の夢はブルートレインの機関士になることだった。そんな少年たちがホームで列車を待つ。その傍らを「え～弁当～、弁当～」と、駅弁売りが通り過ぎて行った。

さて、こうして多くの子どもたちの夢と憧れを乗せて走った国鉄の歴史のなかで、大きな出来事といえば、1964年10月の東京・大阪間の新幹線開通と、1987年の国鉄分割民営化だろう。国鉄が分割民営化されて38年。その経緯と、主役とも言える二人の人物について振り返ってみたい。

「鬼の動労」の革マル・松崎明

新幹線開通をはじめとして、戦後の経済成長に果たした日本国有鉄道の役割は計り知れない。だが、そ

国鉄動力車労働組合青年部組合員たち

の華々しい業績の裏で、国鉄内部には発足間もなくから労使間の壮絶な闘いがあった。

血なまぐさい事件も起こった。１９４９年に相次いで起こった「下山事件（下山国鉄総裁の轢死）」「松川事件」「三鷹駅無人電車暴走事件」だ。これは国鉄の三大ミステリー事件と言われている。これらは一説では、アメリカ占領軍の諜報機関の謀略だとも言われているが、真相は謎としていまも闇のなかに沈殿している。

ことの始まりはＧＨＱの反共対策だった。戦後、日本共産党が議席を伸ばしていくとともに、旧国鉄内部でも共産党員やその支持者の数は増えていった。そこに始まったＧＨＱによるレッドパージ。旧国鉄でも多くの職員が逮捕され、追い討ちをかけるようにＧＨＱは公務員のストライキを禁止したのだ。

解雇反対、賃上げ要求でストを打てば組合員が解雇される、解雇されればさらにストを打つ、の悪循環が繰り返された。職場環境、特に運行現場の環境は常に闘いのなか、という状況が続く。

そこに油を注いだのが、１９７2年ごろから国鉄が打ち出した「生産性向上運動（通称マル生）」だった。マル生とは、平たく言えば労使が仲良く協調し収益を上げるというものだ。これに反発したのが「国労」「動労」だった。「鉄労（御用組合）」だけがこれを支持した。

動労の職場闘争がより先鋭化しはじめたのは、そのころからだ。反戦青年委員会革マル派系の労組員に影響を受けた動労青年部の組合員も職場集会で動労と書いたヘルメットを被り、タオルで覆面をし、ナッパ服とよばれる紺色職場服の戦闘スタイルで気勢を上げた。その象徴が〝スローガン列車〟だった。スローガン列車とは、電車や機関車の正面や横っ腹に「マル生粉砕」「当局の不当解雇を許さないゾ！」などの様々なスローガンを白い石灰で書き殴った電車や機関車のことだが、当時はよく見かけたものだ。私が九州小倉から上京するため寝台急行を待っていたとき、ホームに滑り込んできた機関車の前部には、大きく「ベトナム反戦号」と書かれていた。

当時、動労は「鬼の動労」と呼ばれていた。その動労を率いていたのが、動労東京地方本部委員長の松崎明氏だった。松崎氏は、新左翼革マル派の副議長だという確かな情報もあった。

「松崎は間違いなく革マルの最高幹部だ。影で革マルを動かしていたのは間違いない」

とあるJR東日本のOBは断言した。

言われてみると、確かに松崎氏の動労での出世に並行して動労はさらに戦闘的になっていった。1970年代初頭のマル生粉砕闘争に続き、「ATS（列車自動停止装置）」を確実に守る順法闘争、春闘賃上げストライキなど、次々と動労は闘争路線を突き進んだ。待てども来ぬ電車、そのたびに新宿駅などのホームは乗客で溢れかえった。線路に投げ捨てられた無数のタバコの吸い殻が忍耐と諦めを表していた。

乗客の堪忍袋の緒が切れ暴動事件も起こった。1973年3月13日、高崎線上尾駅で強力順法闘争に怒り狂った乗客たちが運転手と車掌を引きずり下ろし電車に投石したのだ。

それでも国労・動労の勢いは続いた。

1975年11月26日、国労・動労は全面ストに突入した。ストは翌月の3日まで続いた。これによって全国の鉄道約14万本あまりがストップした。もちろん山手線など都内を走る電車もストップ。線路上を多

動労委員長松崎明。彼は革マル派の副議長だった

くの人々が歩く事態が8日間も続いた。このストで国鉄は約400億円の損失を出し、総裁が辞任。そして国鉄の労使関係の破綻と対立は決定的となった。

国鉄の経営は実際火の車だった。トラック輸送の飛躍的発展や航空業界の発展で、それまで稼ぎ頭だった貨物輸送の収益がどんどん落ち込んでいた。しかし、一方の現場では、国有鉄道という親方日の丸的な体質は変わらなかったのだ。

ＪＲのＯＢに話を聞いた。

「当時の国鉄は42万人もいた。組合員たちは本当に仕事をしなかった。朝出てきて2時間ぐらい勤務したら、もうすることがない。時間を持て余した者はピンポンや草取りをしていた。それでも毎月の給料は保障されている。いたたまれず人員削減を打ち出すと、『合理化反対！』と狼煙をあげる」

これが、国鉄分割民営化をより現実的なものにした要因だった。

一方で闘いは続いた。民営化に反対する中核派の学生や労働者による「総武線浅草橋駅占拠事件」や首都圏や京阪神地区の「同時多発ゲリラ事件」などが、次々に起こった。

民営化は、１９８６年の国政選挙で、事実上決まった。そこで、ある週刊誌の企画で動労の委員長と国鉄総裁を並べてグラビアに掲載しようということになり、私は動労本部にいる松崎氏を訪ねた。

鬼の松崎委員長は入り口近くの部屋に笑顔で座っていた。彼は固い態度の私を見るなり「まっ！　気楽に話そうや」と破顔した。色白のテカテカ顔に縁の太い黒ぶち眼鏡。私は開口一番に尋ねた。

「鬼の動労と呼ばれているのに、なぜ民営化に賛成なのですか？　しかも御用組合の鉄労と組んでまで」

松崎氏は穏やかな表情で答えた。

「いやー、このまま突っ走っても国鉄は必ず潰れるよ。そしたら、かあちゃんや子供が腹を空かす。泣く子供の前で何が断固反対ですか。ま、それよりも機関助手だった僕の若い頃の話でもしましょうや」

そして、つるっと剥げ上がった頭を指先で掻きながら、黒ぶち眼鏡をただした。なかなかの人たらしだ。

松崎明。通称〝松っつあん〟。1956年国鉄入社。尾久機関区に配属後、動力車労働組合に入る。1973年、東京地方執行委員長。1985年、勤労中央執行委員長――。

「私も、今日の取材は松崎さんがどんな人なのかを知りたくて来ました。この後、杉浦総裁にもお会いしますが」

そう言うと、彼はゆで卵を剥いたようなつるりとした顔を崩し、言った。

「ほ〜お、バリバリのエリートのお偉いさんと比べられたらかなわんねぇ。僕も本採用になるまでは大変だったよ。毎日、毎日、SLの釜炊きよ。あの機関士の横で石炭を放り込むやつね。煤煙を吸い込みながら、石炭を炉に放り続ける。ぐずぐずしていると機関士に怒鳴られるし、暑い、苦しい。顔は煤だらけで、安月給。それに動労も上下関係が厳しくて右翼的体質だったね。仕事を上がって風呂入って一杯やるのだけが楽しみ。みんなそうなんだろうけどね」

豪快に笑い飛ばしながら話す松崎氏だ。聞きたかった質問を続けた。

「ところで、松崎さんは、革マル派の最高幹部なのでしょう？」

彼は顔を一瞬曇らせたが、「まー、そんな若い頃もあったようだけど……」と、ニヤニヤ笑いながらごまかした。

「はっきりと否定はされないのですか？」

「まー、人それぞれの受けとりようですからね」

否定も肯定もしないところが人たらしといわれる彼らしい。

そして、話は民営化に戻った。

「新幹線は儲けているけど、他はひどいもんだよ。地方のローカル線はガラガラで、5両編成で運行して乗客10名足らずって線も、いっぱいある。油や石炭をぶち込むだけ損が出る。当然、これじゃーいかん、っていうことになる」

「でも、そうなると国鉄当局の言いなりじゃありませんか？　さらに御用組合の鉄労と組むそうですが、動労組合員の意志は一致しているんですか？」

「青年部などの一部には反対があるようだけど、反対していたら民営化後の会社には移れないよ。移れたら、また地道な運動をやって行けばいい。とにかく組合員が全員新会社に移れるかどうかの責任が僕にはある。国労や動労千葉のように頭の固いことばかりではダメだ。案外、自民党のなかにも話のわかる連中もいるんですよ」

そして「まッそれよりも橋本さん！　一杯やりましょう。今日はここで、結婚式の打ち上げをやっているんですよ。さッ行きましょう」と、私を会場に促した。

会場は、やんやの騒ぎの最中だった。松崎委員長が姿を現したので、宴はさらにヒートアップした。ある組合員は動労青年部と書いたヘルメットを被り、「動労青年部は戦うぞ！」と飲み騒いでいた。

松崎氏は出された枡酒をグビグビ飲み干した。そして「今度、飲み屋で一杯やりましょう」と言って、私の肩をポンと叩いた。

「最後の国鉄総裁」杉浦喬也

この日はもう一人の人物とアポをとっていた。国鉄総裁・杉浦喬也氏だ。一日で労使トップの顔を見るのも面白い。

降りしきる雨のなか、世田谷区の自宅に向かった。甲州街道でタクシーを降りると、前方に傘をさした国鉄総裁が迎えに来ていた。

「家はわかりづらくてね。迷わないように立っていました」

国鉄総裁自らが若僧を雨のなかで待っていてくれたのには驚いた。

家に上がり話を聞いた。

「さっきまで動労の松崎さんと会っていまして、酒まで飲まされましたよ」

と話すと、「ほー、それは……」と杉浦氏が微かに微笑んだ。眼鏡から覗くくっきりとした二重。生真面目そうだが気さくな雰囲気の持ち主だ。ただし、話を始めると出てくる言葉は一語一語が慎重に選ばれていた。さすがにそこは元官僚の性なのだろう。

今回の民営化にあたっての政府と組合の板挟みの立場を労い、なぜ民営化が必要なのか？　何万という組合員は今後新会社に再雇用されるのか？　などを中心に私は質問した。

「鉄道が好きなら、あなたもローカル線の現状をご存じですよね。赤字赤字でどうにもならんのです。国家が運営する組織で金を稼いでいるのは専売公社と国鉄です。自衛隊など他は金は稼げません。だから民営化して国民により良い輸送サービスが出来るようにならないと」

「赤字赤字と言われますが､例えローカル線の収益が恐ろしく少なくても、これは過疎地域に対するナショナルサービスではないのでしょうか？」

「ですから民営化した各地の鉄道会社が国に頼らず存続して、地域のお客様に御迷惑がかからないように努力すべきと考えます。私鉄大手の旅客サービスは、はっきりいって人数ばかりいる国鉄より上です。国鉄も、国に頼らず独り旅をしなければね」

「国労・動労などの組合員は、全員新会社に行けるんですか？」

「それはまだ言えませんが、動労は協力すると意志表明しています。問題は国労です。はっきり民営化反対を打ち出していますから」

しばらくこんなやりとりが続いたあと、話は民営化から脱線した。私は子供のころ機関士になりたかったことや、ブルートレインへの愛着の話をした。杉浦氏はウンウンと頷きながら私のとりとめもない話に耳を傾け、会話はけっこう盛り上がった覚えがある。

最後に夫人との撮影に応じてもらった。時の中曾根康弘・総理大臣に、白羽の矢を立てられ国鉄に送り込まれたと言われた〝最後の国鉄総裁〟。杉浦喬也氏の素顔がわかる一枚だ。

そして翌年、国鉄は分割民営化された。松崎氏はJR総連を結成、傘下のJR東労組のトップとなった。彼は労働戦線の裏切り者として新左翼中核派から命を狙われているといわれ、身辺には常に革マル系労組員がボディガードとして張り付いていた。またその後、成田空港闘争を続ける国鉄千葉動労とJR総連東労組は、血で血を洗う争いとなったと聞く。この辺の事情を知るJR東日本のOBが証言した。

「東労組が送り込んだ運転手に対する暴行は凄まじかった。運転手の泊まる寮の階段に血が点々と付いていたこともあった。また逆に、東労組による千葉動労の組合員に対する暴行も酷いものだった。あれはまさに戦争だったね」

その後のJR東労組を20年にわたって牽引した松崎明氏は、2010年に病死した。彼の亡き後のJR総連は、弱体化し、2018年には3万3000人という大量脱退者を出した。カリスマ松崎明という存在は、やはり大きかったのだろう。

国鉄分割民営化を果たした国鉄最後の総裁・杉浦喬也氏は、その後国鉄清算事業団の理事長に就任し、国鉄の残した負の遺産を引き継いだ。こうして赤字国鉄を軟着陸させた杉浦氏は後に全日空の会長になったが、陸を走る列車とは違い、空を飛ぶ会社の経営体質は違ったようだ。生え抜きの役員らとの確執が社内抗争に発展、会長職を辞任した。

新橋〜横浜間に初めて陸蒸気が走ってから、今年で153年。こんにち、新幹線網は本州を縦横断する

国鉄最後の総裁杉浦氏と夫人（杉並区の自宅にて）

九州 門司駅を発車する寝台特急はやぶさ号

までになった。例えば、かつて東京～博多間は特急列車で12時間以上かかっていた。つまりは〝12時間かかる世界〟が、鉄路の先にあったのだ。これが新幹線で大幅に短縮された。

世の中が開けるということは、一方ではつまらぬことでもある。最近のローカル線人気やレトロ列車人気はそれを物語っているのではないだろうか。

拉致問題

横田めぐみさん

1977年11月15日、新潟市に住む一人の少女が忽然と姿を消した。横田めぐみさん、当時13歳。学校の部活帰りのことだった。

事故なのか、事件に巻き込まれたのか。両親の悲痛な思いは想像するだけで胸が痛む。警察は大規模な捜索を行ったが、遺留品の一つも発見されることはなかった。そして、娘の突然の不在という事実を抱えたまま、横田家の時計は進んでいった。

娘はどこかで生きているのではないか――その間、一縷の望みを頼りに、父親の滋さんと母親の早紀江さんは必死に情報を探した。そして、少しでも情報があると各地に飛んだ。

しかし、めぐみさんの消息は依然としてつかめなかった。心の穴が埋まらないままに5年、10年と、祈ることしかできない時間が過ぎていった。

めぐみさんについての驚くべき情報が横田家に伝えられたのは、失踪から19年が経過した1997年の

中学1年の横田めぐみさん（写真提供／横田家）

年明けのことだった。めぐみさんは北朝鮮工作員によって拉致され、海を隔てた北朝鮮で暮らしていた。これは脱北した元工作員の証言から判明したのだが、このニュースには日本中が驚いた。

やはり拉致の噂は本当だったのか――。

噂はかなり以前からあった。私も高校生のときに友人たちと日本海に面した島にキャンプに行ったことがあるが、「気をつけないと北朝鮮にさらわれるぞ」と家族から釘を刺されたのを覚えている。

これは1960年代の話だ。そして1980年には、若いカップルの日本海沿岸での行方不明事件について外国情報機関の関与を疑う、新聞記事が出た。

名指しこそしないが、ここで言う外国とは北朝鮮のことだろう、と誰もが思った。

それについては参議院で質問もされている。横田さんも「もしかしたら……」と相談に行ったというが、当時は雲をつかむ様な話で、情報など何もない。北朝鮮は国交のない近くて遠い国だ。その北朝鮮が我々を驚愕させたのは、1987年11月に起きた「大韓航空機爆破事件」だった。

この事件は、北朝鮮の工作員2人が日本人の父と娘だと偽って大韓航空機に搭乗し爆弾を仕掛けてアンダマン海上空で機体を墜落させたというテロ事件だが、工作員が流暢な日本語を話し、日本のパスポートで搭乗していたことから、話は意外な方向に展開して行く。

生き残った実行犯・金賢姫の証言から、北朝鮮による日本人拉致が確かなものになったのだ。彼女は本国で日本から拉致してきた「李恩恵」という女性に日本人らしさを習っていたと証言した。すぐさま「李恩恵」さん探しが始まるとともに、北朝鮮による日本人拉致の問題がクローズアップされるようになった。

過去に全国で起きた謎の失踪事件は北朝鮮による拉致かもしれない――。

マスコミの報道も「李恩恵」をキーワードに熱を帯びてきた。政府も、一連の失踪事件は北朝鮮による拉致の疑いが濃厚との認識を示した。ただし、非常にセンシティブな問題があるために、被害者の実名は公表されなかった。また、この時点では「横田めぐみ」という少女の失踪と北朝鮮を結びつける情報も、なかった。


我々がめぐみさんのことを知るのは、前述の1997年初頭のことだ。北朝鮮による拉致問題が騒がれてから、さらに10年近い年月が経過していた。誰もが驚いたが、北朝鮮による拉致だと知らされためぐみさんの両親の驚きと苦痛は、想像を絶する。娘が生きていたという安堵とともに、胸を切り裂かれる様な痛みを感じたことだろう。

その痛みを胸に、横田さん夫婦は実名を公表し、めぐみさんの救出に全精力を注ぐ決意をする。そして他の拉致被害者家族と家族会を立ち上げてその代表となり、記者会見、街頭での署名集め、各機関や政治家への陳情と休む暇もない活動を始めた。

滋さんも早紀江さんもすでに還暦を過ぎていたが、幾度か取材で会った2人の姿からは、「なんとしても娘を取り戻す！」という気迫を感じたものだ。一向に進展の見えない状況にじりじりしながらも、マスコミのインタビューに丁寧に答えていた姿も印象深い。

次に状況が動いたのは2002年9月、時の総理大臣小泉純一郎が北朝鮮を訪問し、金正日と初の日朝首脳会談を行ったときだ。金正日は北朝鮮による日本人拉致を公式に認め謝罪、5人の被害者を日本に一時帰国させると約束した。

しかし、当時の政府認定拉致被害者が17名なのに対し、北朝鮮が認めたのは13名だけ。しかも帰国する5名以外の8名は、すでに死亡しているという信じ難い回答をよこしてきた。

横田めぐみさんは現地で結婚し子供もいたが、心を病んで自殺した。それが北朝鮮による回答だった。それを聞いたときの滋さんの、腹のそこから絞り出すような慟哭は忘れることができない。

後ろには、気丈に堪える早紀江さんの姿があった。大人になっためぐみさんとめぐみさんの娘で横田さんの孫に当たるキム・ヘギョンちゃんの写真を持ち男泣きする滋さんの姿は、いまでも思い出すたびに涙が出る。

混迷がつづく拉致問題

2002年10月15日、抜けるような青空の羽田空港に5人の拉致被害者を乗せた全日空のチャーター機が着陸した。タラップを降りてくる5人、出迎える家族。顔を涙でクシャクシャにして抱き合うそれぞれの家族のかたわらに、少し寂しげな笑顔で出迎える滋さんの姿があった。

めぐみさんの帰国はかなわなかった。心の中には落胆や葛藤があっただろう。もし、めぐみさんがこの飛行機で帰ってきていたら、滋さんも早紀江さんもどんなに顔をクシャクシャにしたことか。

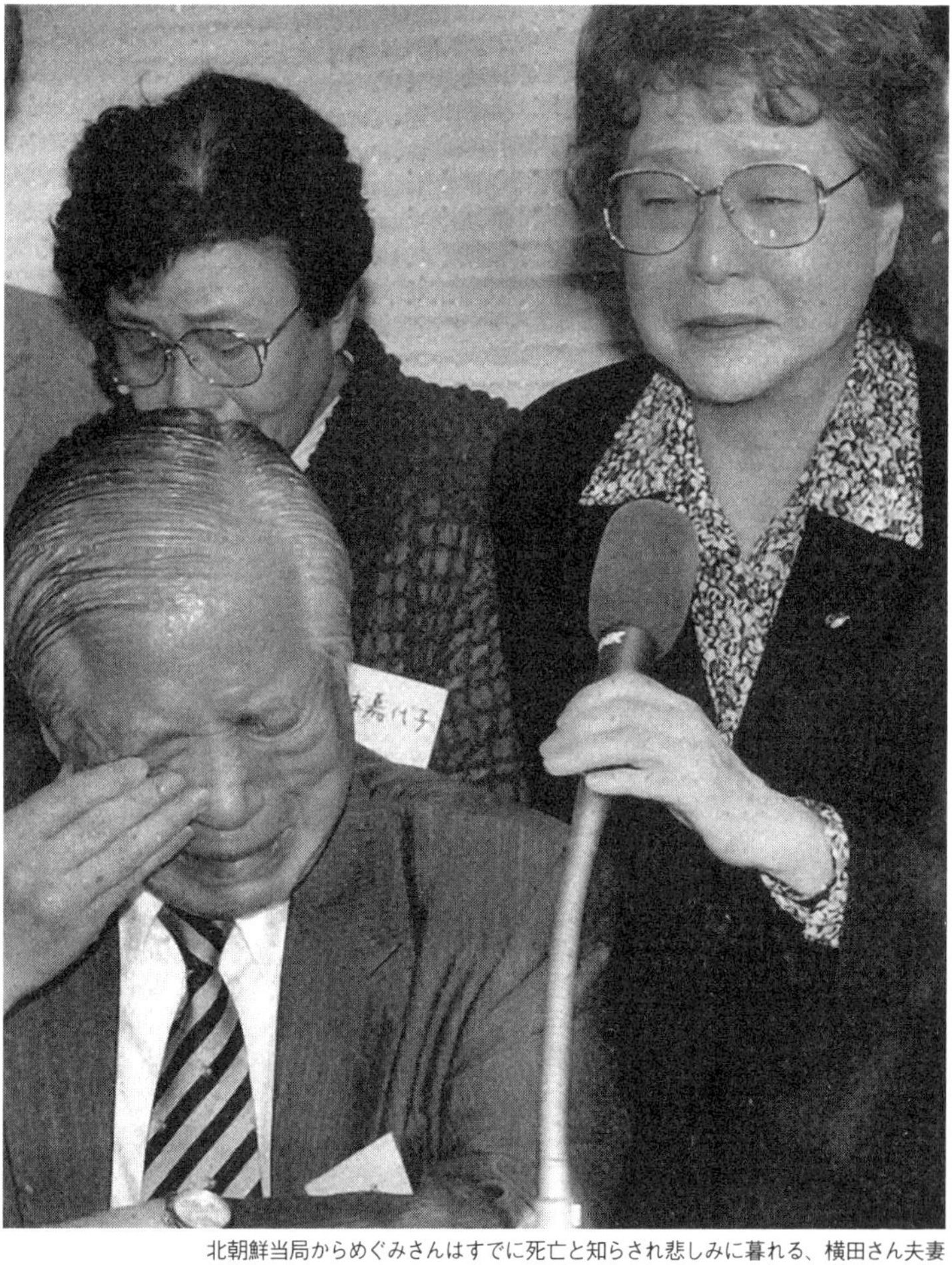

北朝鮮当局からめぐみさんはすでに死亡と知らされ悲しみに暮れる、横田さん夫妻

その後、めぐみさんの死亡は嘘であることが遺骨鑑定で明らかになる。他の7人についても死亡という情報は信じ難いという。

しかし拉致問題は、いまだに開ける扉も見つからない状況が続いている。政府は「拉致被害者の全員帰国」を掲げてはいるが、問題解決への動きは鈍い。

そんななかで娘や息子の帰国を待ち望んだ被害者の親御さんたちも、次々に亡くなっている。横田滋さんも2020年6月に老衰のため、87歳でこの世を去った。子煩悩な滋さんが生涯愛した娘のめぐみさんも、もう還暦をすぎているはずだ。

吉原社交街と普天間

沖縄嘉手納基地近くの売春街。吉原社交街と呼ばれた

米兵の慰安所

本土の米軍基地、例えば東京都の横田基地周辺にはワッペン屋、米軍ミリタリーグッズ、米軍放出品屋、ピザ屋などアメリカ人相手の店が並んでいる。かつて沖縄には、白人米兵相手の社交場として始まった特飲街が複数あった。

コザ（現在の沖縄市）の嘉手納基地ゲート前の交差点から少し歩くと「吉原社交街」がある。沖縄では歓楽街を社交街というのも、おもしろい。特に「吉原社交街」と「真栄原社交街」は有名だった。「吉原社交街」は通称〝吉原〟。東京・浅草の旧遊郭街「吉原」をまねたらしい。

私は吉原へ足を向けた。「吉原入り口」と書いた看板を入ると、細い路地が左右に走り、入り口を開け放った狭い店が軒を並べている。灯りで照らされた店の中が浮かび上がり、ミニスカートを穿いた若い女性がこちらをじっと見たり無視したりするような微妙な動作をして、外を歩く客の関心を引く。ここは非合法の売春地帯で写真撮影は危険だったが、何度も歩いて米兵たちが店に入るのをこっそり撮影した。

店の女性に話を聞くことができた。

「ここはもともと、アメリカさんをお客さんにしていたのですが、それではたちゆかないので沖縄人や本土からきた観光客の相手もしています。でも、けっこう若いアメリカ人が来ます。彼らはとてもやさしく親切です。稼げるか、って？　そんなに儲からないですよ」

話は基地のことになった。

「沖縄の基地がすべてなくなると、沖縄は生きてゆけないんですよ。すべてがね。基地はアメリカさんが手放す気はないから永久になくならないでしょうね。基地のない沖縄は考えられないです」

と彼女は愛くるしい目をこちらに向けて話してくれたものだが、その吉原もその後政府の手により一時期、完全にとり潰されてしまったという。

生活に溶け込んだ「基地」

車で那覇から北へ約10キロ進み、宜野湾市に入る。市内の嘉数高台公園の展望台からはさえぎるものもなく、普天間基地の滑走路が見下ろせる。大型輸送ヘリやC−130輸送機が、2700メートルの滑走路に行儀よく列をつくって並んでいる。ときどき、風に乗ってエンジン音がここまで聞こえてくる。

ここから見ると、普天間基地のフェンスぎりぎりまで民家やマンションが迫っているのが、よくわかる。地図で見ると、普天間基地は宜野湾市のほぼ真ん中を占め一等地にあるのがわかる。

「沖縄の米軍基地は島の美味そうな所ばかりに目をつけて置かれている」

と皆が口を揃えて言う。

嘉数から、反対側の普天間第二小学校にまわってみる。離陸したC−130輸送機の機影がグラウンドの生徒たちを舐めながら飛び去っていった。そして、すぐにまた大型ヘリが離陸して行った。

離陸の様子を撮影するため、近くにあった10階建ての雑居ビルの非常階段を、こっそり登った。そこから基地が手に取るように見渡せた。間もなくC−130が、エンジン出力をフルスロットルに絞り上げて、

普天間基地を飛び立った大型ヘリ。基地には現在、オスプレイが配備されている

陽炎で揺れる滑走路から舞い上がってきた。

民家の物干し台の洗濯物をプロペラの風圧でヒラヒラさせながら、民家の屋根をかすめて機体がファインダーいっぱいに迫ってきた。一瞬、肩をぴくっとさせ、シャッターを押した。

基地のフェンス内に先祖の墓があるという話を聞き、フェンスに沿って歩いて見たが、発見できなかった。が、フェンスに洗濯物や布団をかけて干している光景が、人々の日常生活が基地と共にあることを如実に物語っていた。

第三章

事故と災害の爪痕

東日本大震災

原発事故によって汚染された牛乳を棄てる酪農家

「福島第一原発事故」に揺れる飯舘村

2011年3月下旬。飯舘村全体は、いまだ冬の柔らかな光の中に眠っていた。田んぼを覆った雪が、ときおり起こるつむじ風に巻き上げられ、キラキラと眩しく目に刺さった。水芭蕉だろうか、山林の小さな流れのなかに小さな蕾が膨らみかけている。遅い東北の春はしかし確実に進んでいた。

2011年3月11日、東日本大震災による福島第一原発事故が起こった。

〈福島の農水産物は危ないぞ!〉

という話は、たちまち全国各地へ伝わり、さらに世界中へと広がっていた。確かに福島の農水産物は放射能に汚染されていた。原発事故は、原発建屋から約60キロ離れたここ飯舘村にも、年間被爆量の20ミリシーベルトをはるかに超える放射能汚染をもたらしていた。

福島市内から車で飯舘村へ向かい、村役場を訪ねた。応対してくれた職員は言った。

「確かに飯舘の酪農家は毎日朝夕2回搾乳した牛乳を出荷できずに、そのまま自分の畑に棄てています。それどころか、飯舘村全体の酪農、畜産業が全滅しかかっているといえます」

村のダメージは想像以上に深刻だった。

村を回っていると、職員の言ったとおり、確かに搾りたての生乳を棄てていた。

雪の積もった牧草地の真ん中に、軽四輪に載せた大きなミルクタンクのホースの先端から、搾りたての泡だった牛乳が勢いよく流れ出ていた。

その横で、酪農家の伊藤さん（仮名）は、流れ出る牛乳が土に広がって行く様子を、じっと見つめていた。

「やはり原発事故の影響ですか？」

「そう！　せっかく牛が出してくれた牛乳も、『福島のは怖い』と誰も飲んでくれない。当然ですよね、誰が好きこのんで放射能まみれになっている飯舘の牛乳を飲んでくれますか」

伊藤さんは淋しそうに笑いながら言った。そして続けた。

「飲んでくれるどころか、出荷さえできない状態だ。俺たち酪農家にとっていちばん怖いのは、地震の被害よりも放射能だね。浪江や双葉の農家は乳牛を置いて逃げたが、ここはまだ人が住んでいる。いっそ、牛を置いて逃げた方が楽だろうが……。乳牛は、毎日朝夕2回搾乳しないと、おっぱいが炎症を起こしてしまう。いまは牧草地に牛乳をばら撒くためだけに、餌を与えているような毎日です」

ホースから勢いよくほとばしる生乳は、湯気を出しながら牧草地に積もった雪を溶かし、じわじわと土に浸み込んでいった。

「もったいない」

と私は思わず言った。だが、出荷したくてもできないのだ。苦渋の末の決断だった。

汚染は牛乳だけにとどまらず肉牛、豚、さらに福島、茨城県下の温室野菜や果物にまで波及していた。伊藤さんから、小川さんという畜産家の畜舎を教えてもらった。近いうちに肉牛を処分する予定だという。

訪ねてみると、小川さんはちょうど牛舎のなかで、藁で今年生まれた仔牛の首をマッサージしていた。仔牛は甘えてさかんに首を回しながら、小川さんの顔を舐めようとする。

小川さんは20頭の黒毛和牛を飼育していた。飯舘の牛は、セシウムを体内に取り込んでいて、食べると危ないという話が牛乳同様に全国を駆け巡り、このまま飼育しても売れないという。

「売れない牛に餌代を注ぎ込めば、家計を圧迫するばかりだが、現に生きている牛たちを餓死させるわけにはいかない。結局、我々が首をくくるはめになる前に、馬鹿みたいな値段で業者に引き取ってもらうしかない」

と小川さんは話す。そして「いずれ飯舘の人間は全村避難になるようだから、牛を背負って避難はできないからね。いつ再開できるやら……」と続け、仔牛に頬ずりした。飯舘村の畜産農家は、手をヒビだらけにしながら育て上げた飯舘の牛がようやく高級和牛ブランドとして認知され始めた矢先、一夜にして全滅しようとしていた。

牛を相手にする畜産農家の人たちは、一応に寡黙だ。しかし「きっと戻ってくる」と重い口を開いた。その短い言葉から、心の奥に秘めた憤り、悔しさが、伝わってきた。

全村避難の村に人が残っていた

「去年の秋、家の裏山で大きなマツタケが80本も採れた。さっそく神奈川に住む孫に送ったら『じいちゃん！　俺に放射能まみれの毒キノコ食わせるつもりか！』と、えらい剣幕で怒られてしまった。ありゃー、

「タバコを燻らせ、立ち昇る煙の行方を目で追いながらポツポツ語る佐藤強さん（当時84歳）の表情は、「どうして孫にあんなに怒られたのだろうか？」と、いまひとつ合点がいかぬ様子だった。裏山のマツタケが、原発事故により、どのようにセシウムに汚染されたかを説明すると、今年も採れたてのマツタケを食べようと楽しみにしていた強さんの顔が、曇った。自分たちの住んでいる村から村民が全員いなくなったことで、村全体でなにかが起こったことは漠然とわかるのだが、見えない放射能汚染を実感できずにいた。

強さんは、実際にここで何マイクロシーベルトと数字で示されても、「村は人がいなくなった以外は震災前と少しも変わっていないじゃないか」という想いがあるのだろう。かたわらに寄り添う二つ年上の妻・ヒサノさん（当時86歳）は、この話のやりとりがわかったかわからずか、皺深い顔をこちらに向けていた。

佐藤さん夫婦との最初の出会いは、２０１１年７月だった。約６０００人いた村人たち、その大半が飯舘から避難してしまった後のことだ。

住民のいなくなった村の家々の庭先には、「せいたかあわだち草」が我が物顔で生い茂り、穂先の黄色い花から盛んに花粉を飛ばしていた。降るような蝉の鳴き声、萱の茂みのなかからキリギリスの虫の音――寂寞たる村の隅々から夏の小さな命たちの歌が聞こえていた。

ところが、全村避難したはずの村にまだ人がいた。しかも、トラクターに跨り畑仕事をしていた。強さんとヒサノさんは、以前と変わらず二人だけの暮らしを続けていた。

土の臭い、畦道に咲いた小さな花、虫たちの声、山の輝き、初秋の野分けに波うつ田んぼの稲――長年、

畜産農家の小川さんは近々牛を手放すと語った

強さん夫婦は、里山のおりなす季節のうつろいを肌で感じながらこの村で暮らしてきた。

「ここがいい。ばあさんと、あの世に行くまでここにいる」

たかが原発事故くらいで逃げ出してたまるものか――などという肩肘を張った気持ちよりも、強さんの、ぼんやりとした里山に対する愛着が、聞き取りにくい福島弁のなかから伝わってきた。

夏の陽がさんさんと降り注ぐ縁側で、老妻は杖を片手にひとり腰かけて、トラクターに跨った強さんの農作業を飽きずに見ていた。居間の壁には、孫の写真やたくさんのこけし、瓢箪がぶら下がり、それらひとつひとつに若いころ二人で全国各地を旅した思い出が詰まっていた。

震災から一年が過ぎようとしている2012年3月初旬、再び飯館村を訪れた。

春とはいえ身を切るような寒風が山から里へ吹き降ろして来る。村には2・3日前、大雪が降ったらしい。佐藤さん夫婦はまだあのまま住んでいるのだろうか？　半信半疑で訪ねてみた。

膝まで埋もれる残雪に冷たさを感じながら、家の前の坂道を登り縁側のガラス戸から覗くと、居間で二人が向き合って炬燵に首まですっぽりと身を潜らせていた。四季は過ぎ去っても、二人の暮らしぶりは、なにも変わっていなかった。

強さんは一日中家に閉じこもって退屈していたのだろう、子供たちや孫たちの話ばかりだったが久しぶりの話し相手に強さんは、嬉しそうによく喋った。傍らでは相変わらず、なにか言いたそうなヒサノさんがニコニコと聞いていた。

強さんは、「俺らの事が新聞か何かに出たみたいで、九州の見知らぬ女の人が、自分で編んだという靴下を送ってきた」と言って、その靴下を眼の前に置いた。


その年の8月にも訪ねてみた。

「お元気そうですねー」

「あー！　このとおりでー」

なにも変わったことはないというが、6月に孫娘がサーフィン大会で優勝したときの写真を指さしながら、自慢した。タバコをくゆらす煙が古茶けた柱を伝い、天井へ上っていった。

「おばあさん！　また寄らしてもらいます」

「あいよー！」

はじめてヒサノさんの声を聞いた。ここには、大震災も原発事故も立ち入る隙間もない、二人の暮らしが続いていた。


震災から3年が過ぎた。佐藤さん夫婦は変わらず元気で暮らしているだろうか？

訪ねるのは一昨年の夏以来だった。村は昨年の大雪よりさらに雪が多く、佐藤さんの家の軒下には屋根から落ちた雪が高く積っていた。

「ごめんください。佐藤さーん！」

ガラス戸から家のなかを覗くと、強さんがひとり、炬燵に入り昼寝をしていた。

強さんはむっくり起き上がり、誰だろうという顔をこちらに向けた。しばらくして思い出したらしく、強さんの顔が緩んだ。

「あれ？　ばあちゃんは？」

「ばあさんは去年の3月に死んでしまったよ。朝起きると、ばあさんは冷たくなっていた。もうダメだった。いまは一人ぼっちだ」

あの夏、縁側に座って強さんの仕事を飽きもせず眺めていたヒサノさんの姿――向かい合って炬燵にすっぽり入っていた二人の姿――祭壇の上からヒサノさんの皺くちゃな顔が見下ろしていた。以前に撮った二人の写真を祭壇の隅に、そっと置いた。

ヒサノさんは一足先にこの村から旅立ってしまっていた。飯舘を離れることなく、長年住んだ家で人生をまっとうした。ろうそくの炎が消えるように。

全村避難した飯舘村に残っていた佐藤強さん夫婦

潜水艦「なだしお」

海上事故で30名が犠牲に

私はよく横須賀から遊漁船に乗ってタイ釣りをした。揺れる軸先に座り、ぼんやりと竿先を見つめていると、波をかきわけて進んでくる灰色の護衛艦が見えたものだ。

護衛艦のたてる波に釣り船は思いのほか揺らされ、立っているのがやっとという状態だ。さらにタンカー、貨物船、潜水艦などもやってくる。釣り船は、その間隙を縫って、みずすましのように右往左往する。この東京湾の浦賀水道は、海上交通の要所でもあったが、ひとつ間違うと衝突事故、という超危険な海域でもあった。

そして事故は起きた。1988年7月23日、横須賀港の3キロ沖で、海上自衛隊の潜水艦「なだしお」と遊漁船「第一富士丸」が衝突したのだ。

「第一富士丸」は沈没し、乗客・乗員48名のうち30名が犠牲となった。その日、「第一富士丸」は午後2時15分に横浜港から新島に向けて出船していた。一方の「なだしお」は、伊豆大島沖の訓練を終えて横須賀基地に向かっていた。

遊漁船に衝突した潜水艦なだしおを見つめる行方不明の家族

午後3時35分、「なだしお」が右前方に『第一富士丸』を確認、左前方にヨットを確認して、エンジンを停止したが、進路変更は間に合わず衝突したという。そして午後3時38分の衝突から僅か2分で「第一富士丸」は沈没した。

この大惨事の波紋は大きかった。「なだしお」の事故対応について厳しい非難の声が浴びせられた。「なだしお」は避難信号を出しておらず、海上保安部への事故の第一報もかなり遅れたというのだ。

また「なだしお」の乗組員は、救助もせずにただ眺めていただけだった、という証言も飛び出した。「なだしお」が救助した人数は、たったの3名だった。

海上自衛隊・横須賀総監部は、詰めかけたマスコミで騒然としていた。次々に質問が飛ぶ。

「乗組員が救助しなかったと言われていますが？」

自衛官は「それはまだ確認しておりません」とオウム返しの返答をするだけだ。しかし、その顔からは「とんでもないことが起きてしまった」という苦渋が伝わってきた。

以前からこの海域での自衛隊艦の評判は悪かった。久里浜の釣り船の船長は言う。

「客の釣果より安全がいちばん。浦賀あたりは、水域が狭く、釣り船も集中する。気がついたら大型船が迫ってきていてヒヤッとする、なんてこともあるよ。特に自衛隊は国を守っているという意識が強いからね。遊んでいるお前らの方が避けるのは当たり前、って感じだな。そこのけそこのけ自衛艦が通る、ってな」

自衛艦が横暴で危険な航行をしていても回避するのはこちらの責任、という話は他からも聞いた。その挙句が今回の事故だった。「なだしお」にも相手が回避するのが当然、という意識があったのかもしれない。

当初、海上幕僚長が「潜水艦に過失はない」と発言したのも、その表れだろう。しかし、この発言はさら

最後に発見され、荼毘にふされ遺骨となった娘を抱える父親

に世論の反発を招き、のちに撤回された。

事故のあと、海上自衛隊のチャーター船が犠牲者の遺族を乗せて、現場に向かった。遺族の真っ赤に泣きはらした目、自衛官への刺すような目線、怒号、虚脱——しかし、とにかく自衛隊は過失を認めたくはなかった。

過去には1971年7月、岩手県・雫石町上空で、全日空の旅客機と航空自衛隊の訓練機が空中衝突し搭乗者162名が犠牲になるという大事故が起き、自衛隊は大バッシングを受けたという経緯がある。自衛隊の過失で民間人の命を奪ったということだけは、避けたかったのだろう。

だが、事故原因の究明が進められるなかで、海上自衛隊による「航海日誌の改ざん」などの証拠隠滅行為が明らかになると、「なだしお」側の非は認めざるを得ないものとなった。さらに、海上自衛隊による証拠書類の破棄、乗組員の口裏合わせ、また、事故直後の通報の遅れや日頃の海上ルールを無視した運行なども、改めて問題視された。

それは我が国の防衛を担っているという自衛隊の自負からくる驕り、と受け止められた。また、防衛という名のもとには数々の隠蔽や秘密があるのではないか、という問題を浮き彫りにした事件でもあった。

この事件で「なだしお」の艦長と「第一富士丸」の船長は、刑事事件として在宅起訴された。そして1992年の判決においてそれぞれに執行猶予つきの有罪判決が言い渡された。

その後、両名は職を離れ、犠牲者への謝罪の日々を送ったと聞く。30名という多くの犠牲者、責任逃れ、隠蔽工作と、なんとも後味の悪い事件ではあった。

第四章

ニッポンの素顔

昭和が終わった日

皇居前広場で天皇の病気回復を祈る右翼団体

国中が鳴りを潜める

1989年（昭和64年）1月7日、昭和天皇が崩御した。87歳だった。

昭和の終焉の予感は前年の9月19日に昭和天皇が突然、血を吐いたときからはじまった。病名は発表されなかったが、ガンに冒されていた。このニュースが流れた日からメディアの皇居前広場での長い取材が始まった。

容態の詳細は、宮内庁を通じて毎日発表され、国民は一喜一憂した。そして社会を覆いつくし始めた、自粛。それに応えると同時に、強制されたわけでもないのに新聞・テレビや出版社は、自主規制を始めた。特に、色物を売りにした週刊誌のグラビアから女性の裸が消えた。この自粛の影響をもろに受けた週刊誌『アサヒ芸能』の編集者は、のちに言った。

「いやー！　うちはヌードグラビアやヤクザ者の記事が人気でそれが売りだったんだけど、天皇が病床に伏せているときに『裸なんかけしからん！　止めちまえ』と叱られたんです。それで差し障りのない内容に変更したよ。裸やヤクザが売りのアサ芸。なにをやろうかと本当に頭の痛い時期だった」

私は、ある週刊誌の依頼で和歌山・太地町の、イルカの追い込み漁を取材している最中だった。掲載される予定だったが、「いまは、血はダメ」。死を連想させる写真はNGで、結局、見送られた。

さらに全国の神社の神事・祭りも中止になった。私は思った。国の象徴である天皇一人のために国中が鳴りを潜める、だなんて……。また国内のメディア・外国通信社・新聞・週刊誌には、昭和天皇の秘話や生誕からいまにいたるまでの写真がリリースされた。各メディアの予定稿は、日付けさえ書き換えればよしの、完璧なものが出来上がっていた。

あのときは街からネオンが消え、ジングルベルも消え、場末の酒場で大声で酔い騒ぐ姿も控えめな暗い年の暮れになったように記憶している。さらに「明けましておめでとう」の声さえ、はばかられた。

もし、こんな状況がイギリスで起こったとしたら？　幸か不幸か、エリザベス女王は、亡くなられる3日前まで公務を続けられたというが、仮に昭和天皇のように重篤な状態が続いていたとすれば、英国民はどう反応しただろうか？　日本の国民全体が行ったような自粛という礼節が、英国では通用するのか？　しないだろう。

友人のフォトジャーナリスト・F氏は言う。

「天皇さんは神世の昔から米の豊作を占ってきた。また、五穀豊穣を願う祈祷師でもある。そんな伝統がいまも続いている。つまり天皇は、日本人の心の中のシャーマンなんだろうね。だから国葬も国民が一丸となってやれたんだろう」

1989年1月7日、午前6時半過ぎ、テレビは突然、臨時ニュースで「天皇崩御」を伝えた。昭和という激動の時代の終わりだった。

戦前、天皇は「現人神」として奉られた。そして敗戦。天皇は、神から人間へと一夜にして変わった。人間となった天皇は、全国各地を行幸して回った。とくに、天皇自ら九州の炭鉱の坑道に入り鉱夫と共に万歳三唱した動画は、とても印象的だった。

古い話だが、私が幼稚園のとき、故郷・九州の小倉に天皇が来るというので、2〜3日前から竹を切り、紙にクレヨンで日ノ丸を描いた記憶がある。そして迎えた天皇の姿は、チョビ髭にふちなし眼鏡をかけた、ちょっとハイカラなじいちゃんという印象だった。また、天皇の戦争責任を問い続けた旧皇軍兵士・奥崎謙三氏（故人）から、一般参賀でパチンコ玉を投げられたこともあった。天皇自身の先の大戦に対する個人的発言はなかったが、その胸中は常に穏やかざるものがあっただろう。

天皇崩御のニュースを聞いて玉砂利が敷かれた皇居前広場は、多くの弔問者たちで埋まった。氷雨がしとしと降るなか、死去を知った人々が続々と皇居前広場にやって来た。たちまち広場は傘で埋まった。ある老爺が目を潤ませながら、言った。

「陛下は発病以来、苦しい日々を過ごされたが、ようやく解放された。陛下は戦時中、御自身は開戦を決して望まなかったと聞くが、帝国主義という社会が鬼畜米英との戦争の道に進ませた。多くの兵士や国民があの戦争で亡くなられた。本当に激動の昭和だった」

ある者は濡れた玉砂利にひれ伏し、声を押し殺して泣いた。また、ある若者は両手を震わせて手を合わせていた。国民がこんなに悲しむ光景を見たのは、もちろん初めてだった。気味の悪さも感じた。

昭和の終焉を告げた「大喪の礼」

昭和天皇の大喪の礼は、同年2月24日に行われた。世界各国の元首やＶＩＰが大勢、参列した。葬儀がクライマックスを迎えた。世界の元首たちが見守るなか、京都の八瀬童子たちに担がれた天皇の

原宿駅特別ホームに待機中のお召列車へ向かう昭和天皇

京都の八瀬童子によって担がれた昭和天皇の棺

棺が、静かに進んできた。麦わらで覆った漆の木靴を履いた八瀬童子が、しずしずと進んで行く。靴と砂利が擦れる音が微かなざわめきとなって、静まり返った弔問者たちの前をしずしず通り過ぎる。背後では、笙笛が物悲しげに鳴っていた。その光景はまるで奈良時代の絵巻物を見るようでもあった。

銀座通りのデパートやビルの玄関には、ポールに黒い切れを被せた反旗が連なっていた。また、ショーウインドウにあったあらゆる飾りがとっぱらわれ、小さな額に飾られた昭和天皇が淡い光の中に浮かんでいた。

御船入りと呼ばれる納棺の儀式が執り行われた。その後、棺は漆で塗り固められたらしい。あるフランスのカメラマンが、「エンペラーH.i.r.o.h.i.t.oのデスマスクは撮れないのか?」と、私に残念そうに聞いてきた。撮れるわけがないだろう。

やがて多くの人々が沿道で見守るなか、雨煙煙る甲州街道を天皇の棺を乗せた霊柩車が八王子の天皇陵へと進んでいった。沿道からは「天皇陛下万歳」の声が、通り過ぎる先々で上がっていた。

大葬の礼は、ヨーロッパの王家とは大きく異なった日本の「日出る国の神秘」や「アミニズム崇拝」を世界に印象づけた。

日本語の国という字は玉を中心にして四角で囲まれている。つまりは玉という天皇を中心にして国が形作られた、ということなのだろう。儀式を通してそのことが妙に腑に落ちた。

しょせん我々は「**絶滅危惧種**」、ということさ

沖縄「辺野古」

波間に浮かぶビニールでも呑み込んでしまったのか、大きな海亀が波打ち際の砂浜で死んでいた。まだ死んで間もないのだろう。異臭はしない。亀は、辺野古湾に浮かぶ竜宮神の島へ帰るとでもいうように、頭を海に向けていた。やがて、地元の人たちがやって来て、顔を近づけるようにして亀を覗きこんだ。「ケガもしてないようだし、病気でもなさそうだから、なにか飲みこんだんだ」「むかしだったら、死んだ亀を見つけたら喜んで肉を食べていた。美味しいよ、海亀は。残りはべっ甲になるからね」と彼らは、しばらく亀をみつめていた。亀はやがて、やってきた海洋生物研究所のスタッフに引き取られていった。

2010年5月、時の首相・鳩山由紀夫が訪沖した。

普天間基地県外移転の計画を守れず、従来の移転先である名護市辺野古に移転せざるを得ないとの考え

辺野古の浜で死んでいたウミガメ。「海中でビニールでも呑み込んだのだろう」と漁師は言う

を伝えに、那覇へやってきたのだ。鳩山氏は、自らの意見として普天間基地の海外移転を打ち出しては見たものの、立ちはだかる「日米安保の壁」は簡単には乗り越えられなかった。

「ハトヤマ！　帰れつ！　もう来ちゃいけんよ！」

とすげ笠を被ったオバアが目の前を通る総理の車列へ向かって叫んだ。その横を、「琉球独立」と記された紺色の旗を振り回しながら、男が駆け抜ける。

沖縄県庁の前は「怒」という文字で埋まった。ハトヤマ！　バカタレ、ハトヤマ！　バカタレ——一国の総理をバカタレ呼ばわりする島民の声。立ちはだかる若い警察官の頭を叩くオバア。本土から来た者にとっては信じられない光景だった。

鳩山総理は、県庁で記者会見し、「私の力不足です」と、まるで臨終間際の遺言のようにか細い声でしゃべった。そして名護市長と会談するため名護市に向かった。

途中の沿道の所々にもプラカードをもった島民が立っていた。そのなかの、20代後半と思われる女性は「沖縄の基地問題は、あんなぼんぼん総理が直ぐに解決できるほど簡単ではない。所詮、民主的な顔をして、青白いインテリをきどっているだけさ」と静かに呟いた。

名護市の国道329号線を走ると、やがて左の高台に沖縄高専が見える。さらにそこから右へ入ると、米軍のキャンプシュワブに面した辺野古の埋め立て予定地の湾に出る。その途中に、通称「シュワブストリート」と呼ばれる、米軍相手の売春街「辺野古社交街」があった。いまは、かつて1960年代に米軍兵士たちが酔って騒いでいたときの「夢のあと」の微かな残り香だけが、寂しげな社交街を吹き抜けていた。

海岸へ出ると、約500メートル沖合に地続きの島があり、赤い鳥居が見えた。左手は、砂浜がキャンプシュワブの米軍占有地まで続く。途中、砂浜は有刺鉄線で通行止めになり、鉄線の向こうに立ち入り禁止の警告看板が立てられていた。有刺鉄線の近くに菅笠を被った若い女性がいた。ファインダー越しに見る女性の姿は、ベトナムの農民の娘のようだった。

褐色に焼けた素顔に大きな目が慎み深く収まっていた。

「鉄線の前で写真を撮らせて下さいませんか？」

彼女はこっくりと頷いて背を向け、カメラの前に立った。

また、近くの反対派の寝起きするプレハブを訪ねた。彼らは、東京から来たフォトジャーナリストという肩書の私を、下から上まで胡散臭げに睨め回した。彼らの大半は、地元の人間ではなく、本土の人間だった。第一印象どおり、私の苦手なタイプだった。彼らからすれば私は「ただの興味本位の半分観光気分でやってきたカメラマン」らしい。

インタビューの前に、質問者の辺野古移設問題に対する「立ち位置」を探られた。つまり「NO！」でなければ真剣に答えないよ、というわけだ。踏み絵だ。結局インタビューからはなにも引き出せなかった。

そして、もう一度、辺野古の砂浜に立った。そのとき、普天間基地の外から見た、民家の物干し台の洗濯物をヒラヒラさせて離陸する大型輸送機C-130を思い出した。あのとき、実際に普天間で見た光景と、

立ち入り禁止の有刺鉄線の前を歩く地元の女性

これからの将来、ここで繰り返されるだろう風景が重なって見えた。

あれから辺野古の移設問題は大きく変わった。反対県民の声は無視をされたまま埋め立て工事は続けられている。

以前、与那国島を訪れたとき、島民が言った言葉が心に残っている。

「しょせん我々は『絶滅危惧種』、ということさ」

不思議の国

ボジョレヌーボー風呂にワインを注ぐソムリエの心中は複雑。

海外メディアが注目する「日本の魅力」

「日本は不思議な国だ。勤勉さと礼儀正しさは広く知られた日本人の美徳だが、それだけでは日本の魅力は語れない」と在京の海外メディアの特派員たちは口を揃える。そして、彼らは少しでもその魅力の謎に迫ろうと、私に様々な質問を浴びせてくる。「あれは何？　何のために？」確かにそう言われてみれば、日本は面白い国だ。

これまでフランスのフォトエージェンシーの一員として日本発の数々のソフトな話題を海外に発信してきたが、いつも日本人の文化と工夫を凝らしたアイデアは世界を驚かせてきた。

1月4日、神田の神社は仕事始めの人で賑わっていた。「今年も商売繁盛！　よろしくお願いします！」なんと、ダルマを抱えた初詣客がいた。ダルマは仏教では？いいのだ。日本人はそこのところはこだわらない。

日本には、神様も仏様もたくさんいらっしゃるのだ。

厳寒のなか、氷水に入るご老人はなんと百歳。これも東京の下町の神社での正月行事のひとコマ。無病息災を祈願するのだ。「これでまた一年元気だ」とご老人はカッカッとわらった。

「笑顔口座」が一時流行った。「接客には自然な笑顔が大切です。印象が良くなれば売り上げ2割アップは確実です」。講師の指導で参加者は箸をくわえたり大真面目に頬を持ち上げたり。見ているこちらも思わず笑ってしまった。

日本にワインブームが起こった頃、箱根のスパリゾートに「ボジョレーヌーボー風呂」が出現した。ワインソムリエがうやうやしくワインのコルクを抜き、ジョボジョボと湯船にワインを注いでいた。もったいない。

チンドン屋さんを見かけることも少なくなったが、日本に昔から続く歩く広告代理店だ。ちょんまげ姿は、外国人に言わせると「見ているだけでハッピーになる」そうだ。

やはり日本は不思議な国だ。

笑い方を変えれば売上成績は上がる？　本当かいな？

元祖広告代理店のチンドン屋が練り歩く東京下町

昨年も儲かりました今年も商売繁盛を祈願します

東京下町での鉄砲洲稲荷で行われた寒中氷風呂

おわりに

いつからだったか、社会はパソコンの普及で急速に変わった。私たち報道カメラマンの世界も様変わりした。フィルムカメラからデジタルカメラに持ち替え、慣れないパソコン作業に四苦八苦した。

しかし、それによってどこからでも瞬時に写真を送ることができるようになった。撮影した画像をその場で確認することもできる。フイルムの時代のドタバタと緊張感にも一抹の懐かしさはあるが、社会は変わっていく。

さらに、スマートフォンの普及によってあらゆる情報が手の中に収まるようになり、それに伴って紙の媒体は減少していった。若い頃には想像もしていなかった世界が現実となり、時の流れはさらに先へと人間たちを誘う。

私の仕事もここ数年はウエブメディアが主体となっている。そんな中で『JBpress』というメディアに掲載された記事をもとに、本書を出版することになった。紙の本ということで、自分の居場所に戻ったような嬉しさを感じている。

出版の段取りを進めて下さったノンフィクションライター・編集者の高木瑞穂氏と鉄人社の皆様に感謝を申し上げたい。そしていつも根気強く私の原稿に付き合って下さる『JBpress』の阿部崇氏と読者の皆様にも心より感謝を申し上げたい。

2025年2月28日　橋本昇

追想の現場

2025年3月26日 第1刷発行

著者　橋本昇
発行人　尾形誠規
編集人　高木瑞穂
発行所　株式会社鉄人社
〒162-0801 東京都新宿区山吹町332 オフィス87ビル3階
TEL 03-3528-9801
FAX 03-3528-9802
https://tetsujinsya.co.jp/

デザイン　奈良有望(サンゴグラフ)
印刷・製本　株式会社シナノ印刷

ISBN978-4-86537-294-6 C0036